COMPLÈTEMENT SOCCER

L'ÉVEIL DU PHÉNIX

Catalogage avant publication de Bibliothèque et Archives nationales du Québec et Bibliothèque et Archives Canada

Collin, Jean-Michel, 1980- , auteur
Complètement soccer / Jean-Michel Collin
Sommaire : tome 1. L'éveil du Phénix
Public cible : Pour les jeunes
ISBN 978-2-89585-965-9 (vol. 1)
I. Collin, Jean-Michel, 1980- . Éveil du Phénix. II. Titre.
PS8605.O463C65 2018 jC843'.6 C2018-940259-8
PS9605.O463C65 2018

Éléments de couverture : Freepik

Les Éditeurs réunis bénéficient du soutien financier de la SODEC et du Programme de crédit d'impôt du gouvernement du Québec.

Nous remercions le Conseil des Arts du Canada de l'aide accordée à notre programme de publication.

Financé par le gouvernement du Canada | Canada

Édition
LES ÉDITEURS RÉUNIS
lesediteursreunis.com

Distribution nationale
PROLOGUE
prologue.ca

Suivez Les Éditeurs réunis sur Facebook.

Imprimé au Québec (Canada)

Dépôt légal : 2018
Bibliothèque et Archives nationales du Québec
Bibliothèque nationale du Canada

JEAN-MICHEL COLLIN

COMPLÈTEMENT SOCCER

L'ÉVEIL DU PHÉNIX

LES ÉDITEURS RÉUNIS

À Rita, ma grand-mère

PARTIE 1
BRÛLER

1

SCOTLAND THE BRAVE

Philippe Dunn-Gauvin, quatorze ans, fait montre d'une fougue exceptionnelle sur un terrain de soccer. Il n'abandonne jamais. Aujourd'hui, c'est un milieu latéral de Beauport qui en fait les frais.

— Continue, Phil, lâche pas ! l'encouragent ses coéquipiers du Phénix de Québec.

Sans relâche, il pourchasse sa proie.

Je vais le coincer !

Sous les assauts, son adversaire perd le ballon, qui roule vers la ligne de touche. La défensive est prise à revers. Le cœur de Philippe bat la chamade.

Ha ! ha ! Je le savais !

Voilà une chance en or pour le Phénix de prendre les devants dans le match, avec seulement dix minutes à faire. Philippe sprinte et atteint le ballon le premier.

— Derrière toi ! lui crie Jérémie.

Hein ?

Philippe n'a pas le temps de réagir. On le pousse dans le dos et il plonge tête première dans la clôture entourant le terrain synthétique Chauveau. Une échauffourée éclate immédiatement entre les deux équipes. On se bouscule, s'insulte. Philippe n'a pas mal, mais il reste au sol. Il déteste la violence. Les arbitres arrivent et calment les esprits.

— Ça va ? demande une voix féminine.

Le joueur lève la tête et reconnaît Andréanne, l'étudiante en physiothérapie du club, un ange blond de vingt ans.

— Oui, dit-il en s'assoyant. Je pense.

L'atmosphère se détend un peu sur le terrain, mais dans les estrades les parents s'animent.

— Carton rouge, *ref*! CARTON ROUGE !

— Maudit *fakeux* ! Lève-toi donc !

L'arbitre discute avec son adjoint. Il hoche la tête et se dirige vers les joueurs de Beauport.

— Numéro 10, rouge, viens ici.

— Moi ? Mais j'ai rien fait !

Philippe réalise alors qui l'a agressé.

Alex Drolet ! Toujours lui !

Son ennemi juré à l'école, dans la ligue et au camp d'entraînement de la sélection régionale des meilleurs joueurs de quatorze ans et moins de la région de Québec. Un intimidateur notoire.

Andréanne l'aide à se relever. Philippe observe l'officiel, qui fouille dans sa poche et sort un carton rouge.

J'espère ! Bon débarras ! Méchant malade !

Le père d'Alex explose dans les estrades. Les parents des joueurs du Phénix jettent de l'huile sur le feu en applaudissant. M. Drolet crie plus fort et enguirlande l'arbitre, les joueurs et les parents.

La pomme ne tombe jamais loin de l'arbre. Alex pète un plomb. Son ami et complice de toujours, Francis Gagnon, tente de le calmer, mais en vain. Alex refuse de quitter le terrain comme le veut le règlement. L'arbitre en a vu d'autres et reste calme.

— S'il te plaît, garçon, sors.

— Non ! Voyons donc ! Un rouge pour ça !

— Tu aurais pu lui casser le cou. Ressaisis-toi.

— Casser le cou ! Ça va pas ! Regarde-le, il est debout.

Les yeux d'Alex croisent ceux de Philippe.

On dirait un serpent !

Frustré, Drolet se dirige vers lui.

— Mon maudit ! Dis-y que t'es correct !

Philippe soutient son regard. Cette fois, l'arbitre hausse le ton et se place devant Drolet.

— Bon, tu sors ou j'écris un rapport sur ton comportement et la ligue te suspendra pour au moins trois matchs. Tu fais quoi ?

— C'est beau, c'est beau, je m'en vais.

Il se déplace et se penche vers Philippe, qui reçoit toujours les soins d'Andréanne.

— J'aurais dû attendre que tu sois plus près de la clôture. Je vais te pogner à l'école à la place.

La menace de Drolet atteint Philippe. Bien que les deux joueurs n'en soient pas à leur premier accrochage, l'agressivité dans le regard et la voix d'Alex a quelque chose de plus inquiétant. L'estomac de Philippe se noue.

— Tsss, c'est ça, arrive-t-il seulement à articuler.

Drolet quitte le terrain en frappant l'abri de son équipe. Philippe le regarde partir, puis secoue la tête. Alors qu'il se tourne pour faire face au jeu, il se retrouve nez à nez avec Francis Gagnon. Lui aussi fréquente la même école que Philippe. Grand, les cheveux longs, le visage émacié, il a l'air d'un rapace et le sourire mauvais qu'il affiche ne laisse rien présager de bon.

— Le *coach* vient de me mettre à la défense pour te surveiller, dit Gagnon.

D'instinct, Philippe recule, puis se ravise.

Hors de question que je lui montre que j'ai peur !

— Parfait, ça va nous aider, dit Patrick Sarrasin, un peu plus loin au centre du terrain.

— Phil, tu remercieras leur entraîneur de notre part, dit Larry, le frère de Patrick.

Les jumeaux ! Merci, mon Dieu !

Les deux joueurs du Phénix sont d'excellents amis de Philippe. Les entendre lui redonne du courage.

— Arrange-toi pas pour avoir la tête basse, Dunn, parce que tu vas voir que je casse des tibias quand je tacle.

Les jambes de Philippe ramollissent. Il ferme les yeux, respire et l'entend, dans sa tête et son cœur.

Scotland the Brave.

Un hymne de guerrier qu'il écoute avec son père depuis le berceau.

Les notes aériennes de la cornemuse.

La marche des caisses claires.

Le battement des tambours.

Philippe rejoint ses ancêtres écossais et puise dans leur courage légendaire.

Le match reprend. Gonflés à bloc par l'expulsion du meilleur joueur de Beauport, Philippe et ses coéquipiers bourdonnent en territoire ennemi. Chaque fois qu'il a le ballon, Philippe le refile rapidement à un partenaire et évite, grâce à son agilité, les coups salauds de

Francis Gagnon. Beauport lance une offensive. Une habile manœuvre défensive de Jérémie redonne le ballon au Phénix. L'attaque rapide se déclenche. Sans hésitation, Jérémie adresse une passe de tireur d'élite à Philippe, sur le flanc gauche.

— Attention, derrière toi ! l'avertit-il.

Philippe regarde au-dessus de son épaule. Le grand Gagnon se rue sur lui avec un seul objectif : lui fracasser les tibias.

Du corps, Philippe feinte vers la droite et contrôle le ballon sur sa gauche. Le vautour mord à l'hameçon et tacle dans le vide : il mesure un mètre quatre-vingt, au moins quinze centimètres de plus que lui ! Il reste moins de cinq minutes au match.

Philippe plonge dans l'espace disponible. Ses coéquipiers et lui se trouvent à trente mètres du but. Ils tentent une percée. Philippe quitte le couloir gauche pour se diriger vers le centre. Il « dézone », comme le lui a appris son entraîneur Michael, dribble et élimine un autre adversaire. Il y a trois attaquants du Phénix contre un défenseur adverse. Flanqué des jumeaux Sarrasin, Patrick sur sa droite, Larry sur sa gauche, Philippe file comme une flèche. Le vent lui siffle dans les oreilles, comme lorsqu'il court dans la forêt du parc Chauveau.

Il lui faut attendre le bon moment pour donner le ballon. Devant lui, le dernier défenseur de Beauport patiente. Philippe le fixe et, dès que celui-ci tente une attaque, il glisse le ballon de l'extérieur de son pied droit vers Patrick, qui le contrôle deux fois et tire. Le gardien touche le projectile, mais le tir de Patrick, trop puissant, poursuit sa route jusque dans le filet.

C'est 1 à 0 pour Québec !

En quelques secondes, tous les joueurs de l'équipe traversent le terrain en criant et se sautent dans les bras pour célébrer. Quelle énergie !

En revenant vers le centre du terrain, Tommy, leur capitaine, les ramène à l'ordre.

— Concentrez-vous, les gars ! La partie continue. C'est pas fini !

Il a raison. Un vrai chef, Tommy.

Philippe et ses coéquipiers protègent leur avance jusqu'à ce que l'arbitre siffle la fin du match.

— Yaaah ! crie Philippe en accrochant Jérémie par le cou.

Michael les rejoint et sourit à pleines dents.

— *Good job,* les gars ! Quelle frappe, Pat ! Et quelle passe, Phil !

Une grande fierté envahit Philippe. Une vague de chaleur court dans sa poitrine.

Ils félicitent ensuite leurs adversaires au centre du terrain. La main de Philippe disparaît dans celle de Gagnon, le grand vautour, dont le visage pointu n'affiche aucune émotion. Philippe, intimidé, avale sa salive de travers et bafouille.

— Euh… Bon *game*… bonne match…

Il panique.

Ah ! Le rapace va penser que je le niaise.

Impassible, Francis Gagnon poursuit sa route.

Philippe soupire de soulagement. Cependant, son estomac se noue à nouveau alors qu'il s'imagine les croiser, Alex et lui, en révision de mathématiques et de sciences dans deux jours. Des scénarios catastrophes se bousculent dans sa tête.

Jérémie et les jumeaux Sarrasin le rejoignent. Philippe se raisonne et laisse place à la joie. Ils ont battu Beauport, la meilleure équipe du championnat !

— Bien joué, Dunn ! s'exclame Larry.

— Mets-en ! dit Patrick en lui donnant une claque dans le dos. Ça va nous placer en deuxième position, un point derrière Beauport, à égalité avec Chaudière-Ouest.

— En plus, l'entraîneur de la sélection régionale était là ! dit Jérémie.

— Je vous invite à venir vous baigner chez mon grand-père pour fêter ça ! ajoute Philippe. La piscine est prête et chauffée. Il voulait que je vous en parle avant le match, mais j'ai oublié. Vous pouvez aussi souper avec nous, on va manger du barbecue et mes parents iront vous reconduire chez vous vers vingt heures.

— *Yes !* dit Jérémie.

— On sera là ! disent les jumeaux à l'unisson.

— Phil, penses-tu que je pourrais embarquer avec toi pour y aller ? demande Jérémie.

— Bien sûr.

La famille de Philippe ne refuse jamais de rendre service.

Les joueurs poursuivent leur chemin vers le vestiaire, prennent leur douche en se racontant les exploits du match ainsi que les répliques incisives, et n'oublient surtout pas de rire d'Alex Drolet et de sa crise de bébé gâté.

Alors que les garçons quittent le stationnement du stade Chauveau à bord de l'Outlander de Mitsubishi de la famille Dunn-Gauvin, la mère de Philippe, Marie-Lise Gauvin, rompt le silence.

— Les gars, je sais que je vous le dis souvent, mais vous ne jouez pas au soccer comme les autres. Je trouve que vous possédez un je-ne-sais-quoi de différent dans votre façon de bouger, de vous dévouer au sport. Comme si vous étiez libres. Vous jouez avec tellement d'intensité et de passion. C'est beau.

Chaque fois que Marie-Lise complimente les joueurs sur leur jeu, un silence s'installe. Aux belles paroles de sa mère, Philippe plonge loin en lui et va rejoindre ses ancêtres écossais. Ils le regardent avec fierté, comme l'un des leurs. Philippe incline la tête et les remercie pour l'énergie qu'ils lui ont transmise aujourd'hui.

2

LE RÊVE ÉVEILLÉ

Dehors, le soleil monte dans le ciel. Philippe transpire comme un cochon, mais l'humidité poignante de ce matin de juin l'empêche d'enlever le kangourou bourgogne de son équipe préférée : le FC Barcelone.

Philippe s'entraîne avec ardeur : il travaille la technique des contrôles orientés. Deux jours plus tôt, lors du match, malgré sa passe décisive, il a remarqué une faiblesse sur ce plan. À sa demande, son parrain lui a envoyé une vidéo dans laquelle est expliquée une série d'exercices à travailler pour s'améliorer.

Philippe fait une pause pour relire le courriel de son parrain sur la tablette électronique familiale qu'il a déposée sur le capot de la voiture.

À : familledunngauvin@videobell.ca
De : fabricegauvin@phenix.qc.ca

Objet : Entraînement – Contrôle orienté

Salut, la machine !

Clique sur le lien ci-dessous : tu trouveras un exercice mis en ligne par un club allemand et contenant quatre variantes du contrôle orienté.

http://www.footballcoaching.com/fchusselheim/controlesorientes

Consignes :

- Appeler le ballon à l'intérieur du carré.
- Sortir du carré en une seule touche de balle.
- Passer le ballon et recommencer.

Matériel et organisation :

- Utilise la planche à rebond que t'a fabriquée ton grand-père, le célèbre Léonard Gauvin !
- Prends une craie et dessine-toi un carré de 3 mètres sur 3 mètres dans lequel tu vas recevoir le ballon.
- Alterne les pieds lors de chaque passe.

Prise d'information :

- Enregistre l'information (auto du voisin, fleurs, etc.) derrière toi avant la réception du ballon.

- De 1 à 2 fois.

Séries et repos :

- 4 séries de 4 passages x 1 minute,
  1 minute de repos entre les passages,
  3 minutes de repos entre les séries.

Visionne la vidéo et, si tu ne comprends pas, appelle-moi.

All right ?

Ne lâche pas, la machine ! N'oublie pas, il faut que ça reste le *fun* ! Je ne te demanderai jamais de t'entraîner ! Il faut que ça vienne de toi ! Tu m'impressionnes, Phil !

Fab

Philippe clique sur le lien et étudie le prochain contrôle à réaliser : glisser le ballon derrière sa jambe d'appui à l'aide de l'autre pied. Sans hésiter, il retourne à sa planche et à son carré dessiné à la craie.

Il ferme les yeux et se remémore le conseil de Fabrice.

Respire avant tes exercices. Calme-toi. Évacue le stress et garde ton envie de te dépasser.

Pour une énième fois, il repasse dans sa tête la discussion qui a changé sa vie.

Il était assis avec son parrain sur le gazon naturel du terrain Chauveau, près du parc du même nom. Alors âgé de onze ans, il lui avait confié son rêve.

—Je veux jouer pour le FC Barcelone, gagner ma vie comme joueur de soccer professionnel.

—Wow! Tu n'es pas n'importe qui, toi! lui avait répondu son parrain.

—Tu me prends pour un imbécile, c'est ça? avait répliqué Philippe, insulté.

—Non. Le FC Barcelone, c'est le meilleur club du monde. Tu te fixes un objectif très élevé.

—Tu penses que j'y arriverai pas?

—Je n'ai pas dit ça non plus, Phil. Ne te fâche pas, s'il te plaît.

— Je suis pas fâché !

— Dis-le à ta voix et à tes yeux, car j'ai l'impression que tu jongles avec l'idée de me sauter dessus.

— Désolé.

Philippe avait replié ses genoux contre sa poitrine pour y poser sa tête. Au bord des larmes, il croyait son rêve perdu, ruiné par le manque d'enthousiasme de son parrain, directeur technique du Phénix et entraîneur de haut niveau. Trois joueurs qu'il avait entraînés jouaient pour l'Impact de Montréal, deux autres au Toronto FC et un autre en Europe, en troisième division allemande. Si son parrain ne croyait pas en lui, il n'y avait plus d'espoir. Philippe avait étouffé un sanglot, puis Fabrice lui avait adressé cette question :

— Ton rêve, es-tu prêt à le faire éveillé ?

— Je suis pas sûr de comprendre.

— Il y a une énorme différence entre rêver le soir avant de s'endormir et rêver éveillé.

— Je comprends toujours pas.

— La plupart des gens espèrent sans bouger. Ils ferment les yeux le soir et s'imaginent en train de jouer de la guitare sur une scène. Le lendemain, ils ne joueront pas une seule note de musique. Ils vivront leur vie en se disant qu'ils pourraient être de grands guitaristes.

— Très bien, mais c'est quoi le rapport avec moi ?

— Tu veux jouer sur la plus grande scène de soccer du monde : le Camp Nou. Plus de soixante-dix mille personnes applaudissent les exploits de Messi. Tu dois y penser chaque soir avant de te coucher, non ?

— Oui, avait-il répondu, presque honteux.

— As-tu une idée du nombre de jeunes qui partagent les mêmes aspirations que toi ?

— C'est beau, j'ai compris ! Je vais oublier ça !

Philippe s'était levé comme un ressort, haletant.

— Woh ! Calme-toi, la machine. Laisse-moi finir, veux-tu ?

Il s'était rassis, crispé, arrachant le gazon autour de lui.

— Si la plupart des gamins de la planète veulent jouer dans la même équipe que toi, et s'il s'agit du meilleur club du monde, tu dois rêver éveillé, c'est-à-dire avoir un plan. Ton rêve ne doit pas être un rêve, mais un projet, avec des étapes à suivre. Tu me comprends ?

— Ouin... Je vais le trouver où, ce plan ?

— Remercie le ciel d'avoir des grands-parents qui ont adopté l'Haïtien que je suis ! Je vais construire ton plan avec toi ! On va se fixer des objectifs clairs.

Philippe n'avait pu contenir sa joie et avait sauté au cou de son parrain.

— Merci !

— Il n'y a pas de quoi, mais tu devras toujours respecter trois principes.

— Lesquels ?

— Un : il faut que ça reste le *fun*. Tu n'as que onze ans.

— Noté.

— Deux : tu devras m'écrire, de semaine en semaine. Je ne t'imposerai jamais un entraînement à ton âge.

— Noté.

— Trois : bien bouger, technique intelligente et prise d'information.

— Euh… quoi ?

— Bien bouger, technique intelligente et prise d'information. Les piliers de ton apprentissage des trois prochaines années, jusqu'à ce que tu termines ta saison U14.

— Ah ! OK ! Noté. On commence quand ?

Philippe rouvre les yeux, léger. Ce souvenir l'apaise. Une goutte de sueur descend le long de sa tempe. Sa montre-chronomètre sonne trois petits coups. Terminé le repos. Une dernière respiration. Le feu de sa motivation s'embrase et Philippe reprend son entraînement avec sa fougue habituelle.

Il enchaîne les contrôles, les reprises d'appuis, les passes, heureux comme un prince. Il terminera bientôt la première phase de son plan pour jouer pour le FC Barcelone.

Il rêve éveillé.

3

LA LISTE

Une fois son entraînement terminé, Philippe rentre dans la maison, prend une douche rapide, choisit un bermuda beige et un chandail de l'Argentine, affichant le numéro et le nom de Messi, et rejoint ses parents dans la cuisine, où l'attend un grand verre de *smoothie.*

Le liquide froid et dense le rafraîchit.

J'aime tellement ça quand maman en fait !

Affamé, il fourre trois tranches dans le grille-pain.

— *Good morning*, Phil, dit son père sans se détourner de son journal.

— Salut, p'pa.

— Ce serait bien si tu nous saluais avant de t'empiffrer après ta douche, ajoute-t-il avec son accent anglophone.

— Je sais, désolé.

Il fixe ses rôties.

— Tu surveilles encore tes rôties, Philippe ? dit sa mère en riant.

— Oui. Cuisson beurre d'arachide.

Perplexe, son père lève les yeux de son journal.

— Cuisson beurre d'arachide ? *What do you mean ?*

— Oui, répond seulement son fils, concentré.

— *Damn !* C'est quoi, une « cuisson beurre d'arachide » ?

— Dans une minute, p'pa. Bingo !

Sous le regard amusé de son père, Philippe tartine ses rôties de beurre d'arachide, coupe deux bananes en vingt-sept tranches et en dispose neuf par rôtie.

Il s'assoit entre ses deux parents. Le téléviseur diffuse une émission d'affaires publiques. Philippe a hâte qu'ils partent travailler pour regarder les nouvelles du soccer planétaire sur la chaîne Setanta Sports.

Il attaque son repas comme Ron Weasley à Poudlard.

Son père s'éclaircit la gorge.

— *So ?* demande-t-il.

— Qu… miam… slurp… oi? parvient à prononcer Philippe, la bouche pleine.

— Ta cuisson beurre d'arachide, *damn* !

Même si la voix de son père ne contient aucune colère ni menace, Philippe sursaute. William Dunn, quarante-trois ans, porte une barbe auburn parsemée de touffes blanches qui encadre une tête massive. Son visage long, ses épaules larges et ses cheveux bouclés ne laissent aucun doute sur sa descendance écossaise. Il a l'air d'un féroce soldat du film *Cœur vaillant.*

— Désolé, p'pa. Oui, un délice ! Tu chauffes les tranches dans le grille-pain et tu attends le parfait équilibre entre le pain moelleux non cuit et le croustillant des rôties. Légèrement dorées, chaudes, tendres, le beurre d'arachide fondu. Tu ajoutes des bananes et tu as préparé un chef-d'œuvre gastronomique.

— Je peux goûter ?

Philippe lui tend l'assiette et guette sa réaction. Son père croque à pleines dents et écarquille les yeux. Satisfait, Philippe reprend son déjeuner.

—Je te l'avais dit, p'pa, c'est délicieux.

—Je te l'accorde. *Good job*.

Le soleil envahit lentement la cuisine. La mère de Philippe regarde d'un œil distrait la télévision en buvant son jus d'orange, son mari poursuit la lecture de son journal. Philippe engloutit son déjeuner et va se préparer pour l'école dans sa chambre.

Il bâille deux ou trois fois. L'entraînement a été plus dur qu'il l'avait pensé. Il se frotte le visage.

—MAMAN ! Il fait beau ? Parce que c'était frais ce matin !

—Oui ! Traîne-toi une veste ou un coton ouaté au cas où.

Il enfile son survêtement Adidas bleu du Phénix et ses souliers de soccer intérieur Nike Mercurial Superfly XI verts.

Ma casquette ? Où est-elle ?

Philippe cherche partout. Dans son sac, sous le lit, dans la garde-robe. Disparue.

— MAMAN ! Tu as vu ma casquette blanche ?

— Non, tu ne l'avais pas hier quand tu es rentré de ton entraînement.

C'est la quatrième que j'égare depuis le début de l'année ! Papa va m'étriper !

— *Phil, come on ! Would you please stop losing your hats ! Damn ! Over !* On n'en achète plus !

Le guerrier des Highlands a parlé.

Philippe se dirige vers son bureau, abattu. Heureusement, il voit son rêve gravé sur une plaque dorée, accrochée au mur.

PHILIPPE DUNN-GAUVIN, Nº 12
FC BARCELONE

Il le sent en lui. Il y arrivera. La route sera parsemée d'embûches, mais il jouera au Camp Nou.

Philippe secoue la tête et s'extirpe de son rêve.

Il consulte son agenda. Même s'il pense savoir ce qui l'attend, il l'examine tous les matins. Par la suite, il vérifie son sac d'école, pour s'assurer que tout y est. Sans cette routine, ses journées partent en vrille.

Sa deuxième année au secondaire a été un vrai cauchemar. Il oubliait toujours quelque chose : un devoir, son agenda, un livre, un examen à signer. Ses professeurs le traitaient d'éternel distrait.

Heureusement que la prof de français, Mme France, la tutrice de son groupe, s'est assise avec lui et sa famille pour trouver des solutions, dont sa routine matinale !

Révision de maths le matin et révision de sciences l'après-midi. La semaine des examens de fin d'année à l'école se termine bientôt. Philippe pense qu'il a bien réussi jusqu'à présent, mais son stress atteindra des sommets prochainement. Il lui reste deux examens : maths et sciences.

Il regarde son horaire avec dégoût.

Vendredi après-midi : mathématiques.

Lundi matin : sciences.

Quels monstres sanguinaires sans pitié programment deux examens aussi importants coup sur coup ? Je dois absolument réussir, sinon je vais doubler ma deuxième secondaire ! Je verrai moins mes amis. Pire, je passerai une autre année à écouter Hector la Gargouille ! Non !

Le souvenir du dernier match contre Beauport surgit dans son esprit.

Drolet et son grand vautour m'attendent sûrement dans le détour aujourd'hui !

Philippe ferme les yeux, respire et applique la technique de son parrain. Se concentrer sur le présent. Ça fonctionne. Il prend son sac d'école, sort de sa chambre et le place au pas de la porte d'entrée, pour être sûr de ne pas l'oublier.

Il s'arrête à la salle de bain, se brosse les dents et tente de se coiffer un peu. Après maints coups de peigne et de doigts, il abandonne. Ses cheveux, moins frisés que ceux de son père, bouclent et laissent place à une vingtaine de rosettes.

— Bah ! Allons-y pour le *look* échevelé ! dit-il.

Dans la cuisine, Philippe croise son père qui part pour son travail au Collège Champlain St. Lawrence, où il enseigne la littérature anglaise.

— Travaille fort aujourd'hui, Phil ! lui dit-il. Et ne va pas taper sur ton ballon avant d'avoir la certitude d'être prêt pour l'examen après-demain ! Compris ?

— Oui, oui.

Pour William Dunn, les études et la famille passent en premier.

— Promets-moi que tu étudieras comme il faut aujourd'hui, Phil. Surtout, demande à M. Hector de t'expliquer les problèmes algébriques. Tu as de la difficulté à identifier les inconnues et à représenter la situation par une équation. Je suis persuadé qu'on vous interrogera sur ce sujet à l'examen. N'oublie pas la matière, en sciences. Le calcul de la masse volumique. Le tableau périodique aussi. Tu me le promets ?

— Promis, p'pa, promis.

— Bien, *see ya* !

Philippe va s'asseoir au salon en soupirant. Son père l'étourdit. Sa mère le rejoint en souriant et pose la tablette sur ses genoux.

— Pourquoi tu souris comme ça ?

— Tu es beau sans ta casquette.

— Aaah, lâche-moi avec ça ! Chaque fois que j'en perds une, tu dis ça !

— C'est parce que je le pense. Et je suis certaine que les filles de ton âge…

— Ah, ça, non ! Maman, laisse les filles en dehors de ça.

— Oui, oui !

Philippe se lève et dépose la tablette sur la table du salon.

— Attends. Tu as reçu un courriel hier soir.

— Je sais, je l'ai lu. C'était l'entraînement de Fabrice.

— Non, il y en a un autre.

Elle glisse son doigt sur l'écran et sélectionne le message. Espiègle, elle tend l'appareil à son fils, toujours debout.

À : familledunngauvin@videobell.ca
De : ffischer@arsq.qc.ca
Cc : dt@arsq.qc.ca

Objet : Liste des 23 joueurs retenus – Dernière étape des sélections régionales

Bonjour Philippe,

C'est avec plaisir que je t'annonce que tu fais partie des 23 meilleurs joueurs de 14 ans et moins de la grande région de Québec.

Grâce à ton jeu, à ton éthique de travail et à ton assiduité, tu t'es qualifié pour la dernière étape menant à la sélection finale des 16 joueurs qui prendront part au tournoi provincial des Jeux du Québec à la fin d'août.

Une semaine entre amis à compétitionner contre les meilleurs joueurs de la province ! Ça vaut la peine de se forcer !

Je joins la liste des 23 joueurs retenus et un résumé des événements qui mèneront à la sélection finale de l'équipe, qui tentera de remporter l'or en première division pour la première fois de son histoire, ainsi que l'horaire détaillé des activités. Je te souhaite la meilleure des chances.

Au plaisir,

Franck Fischer
Entraîneur-chef
Sélection régionale masculine
ARSQ

Philippe clique aussitôt sur la liste. Son nom se trouve entre ceux de Drolet et de Gagnon… Jérémie, Tommy et les jumeaux y figurent aussi : cinq joueurs du Phénix et sept de Beauport. Puis, il ouvre l'autre pièce jointe. S'affiche alors le plan d'un été de rêve dont les faits saillants sont une tournée de matchs préparatoires à Boston et les Jeux du Québec.

Le sang écossais de Philippe bout. Une volonté de fer croît en lui.

Sa mère l'interpelle.

— Bravo, mon grand. Il reste encore des étapes à franchir.

— Je sais.

Il pense à ses ennemis jurés. Il se battra contre eux pour un poste d'attaquant ou d'ailier. Gagnon et Drolet sont les deux meilleurs marqueurs de la ligue. Philippe est le troisième.

— Philippe, les études en premier. Tu l'as promis à ton père.

Sa mère a raison. Il réduit le son des cornemuses et des tambours au silence et pousse son rêve dans un coin de sa tête.

Réglons le cas de la Gargouille et de ses maths, puis celui des sciences de Mme Pascale, se dit-il. *Ensuite, ce sera le ballon, mon rêve et moi. Au diable, Drolet et Gagnon!*

Il embrasse sa mère, court vers l'entrée, se penche pour prendre son sac et ouvre la porte. Le soleil brille et un vent frais gonfle ses cheveux.

Une journée parfaite pour s'entraîner.

4

LE POIDS DES MENSONGES

Philippe sue à grosses gouttes. Il a perdu la notion du temps. Il n'y a que lui et le ballon. Une seule chose le hante : le bruit de sa passe.

Michael, son *coach*, le répète sans cesse : « Une passe, c'est une claque. Vous giflez le ballon. De la vivacité ! C'est un gage de respect envers vos coéquipiers. Elle vous révèle. Aucun mensonge possible ! Alors, soyez vifs ! »

Philippe frappe son ballon Adidas Brazuca. Du pied droit, du pied gauche. Tondue à ras le sol, la pelouse de la cour arrière ressemble à s'y méprendre à un terrain naturel de première classe. Les fondations de la maison proposent une parfaite contrainte d'entraînement. S'il cogne trop haut, Philippe endommagera le revêtement de la résidence, alors il s'efforce de viser le béton.

Dans sa bulle, il se corrige. Cheville plus tendue. Orteils parallèles au sol. Frapper le ballon en son centre. Les appuis, bouger les pieds.

La fatigue s'installe. Ses mollets brûlent et sa concentration diminue. Il repense à la nouvelle qu'il a reçue ce matin avant de partir pour l'École secondaire de Neufchâtel.

Il est des vingt-trois meilleurs joueurs... Il doit se classer dans les seize premiers. Il veut aller à Boston et participer aux Jeux du Québec. Se mesurer aux meilleurs de la province. Tommy, les jumeaux Sarrasin et Jérémie ont aussi été retenus. Philippe veut vivre ces moments avec eux.

Le problème, c'est que Drolet et Gagnon ruminent leur vengeance.

Crac !

— Merde !

Philippe a raté sa passe. Le ballon a troué le revêtement.

— P'pa va me tuer ! Merde. Merde de merde !

Il s'approche du lieu de l'impact, nerveux. Le trou a la dimension d'un pamplemousse. Sans compter que les dommages s'étendent sur deux autres panneaux de revêtement, craquelés comme un miroir cassé.

— Nooon ! Je fais quoi ?

Il jette un coup d'œil rapide à sa montre.

— Seize heures trente ! Pas déjà ! Non ! C'est pas vrai !

Philippe tourne en rond, paniqué. Son père reviendra du travail dans quinze minutes.

Il doit inventer une histoire. C'était comme ça quand il est arrivé. Il a voulu chasser la maudite marmotte qui se cache dans la haie et il a raté son coup… *Bah ! Tu rêves, mon vieux Phil. Ton père, avec son œil de guerrier écossais, va repérer ton mensonge avant même de descendre de la voiture. On le surnomme « l'Aigle » chez les Dunn.*

Philippe insère ses doigts dans le trou et tente de replacer un morceau.

Crac.

Le pamplemousse ressemble maintenant à un mini-ballon de soccer.

— Arrrgh !

Résigné, il rentre dans la maison, se dirige vers la salle de bain et saute dans la douche. Été comme hiver, peu importe la température, Philippe s'empresse d'ajuster l'eau chaude. Dans les vapeurs rassurantes qui emplissent la pièce, il tente de se vider l'esprit.

J'avouerai ce que j'ai fait.

Son père et sa mère détestent qu'il leur mente. Il s'offrira pour réparer les dégâts et paiera une partie des frais. Son père se fâchera sûrement un peu, mais bon…

Philippe respire profondément. Ça va mieux. Une autre chose le tracasse toutefois, mais il n'arrive pas à mettre le doigt dessus. Il lave et rince ses cheveux. Alors qu'il se penche pour fermer l'eau, il se frappe la tête sur le robinet.

— *Câlique !* Ça va mal !

Frustré, il ouvre le rideau et, alors qu'il s'étire pour prendre sa serviette sur le comptoir, il aperçoit son agenda qui dépasse de son sac de sport, sur la sécheuse.

Il écarquille les yeux, terrifié. Sa journée défile dans son esprit en un clin d'œil.

—Je suis mort, murmure-t-il en s'assoyant sur le bord du bain.

Durant la période de révision de Mme Pascale, l'enseignante de sciences, Philippe, Larry et Patrick discutent avec passion.

—J'ai dressé trois listes durant le cours de révision de la Gargouille, tantôt, en maths, dit Philippe, les joues empourprées. Une si on joue en 4-3-3, l'autre, en 4-4-2. Enfin, la dernière, en 3-5-2. Je vous assure, les trois dans l'équipe, c'est possible.

— Ouin… mais peu probable, dit Patrick en croisant les bras.

— T'as une tête de cochon, Pat ! s'emporte Philippe.

— Tu peux parler ! Toi non plus, tu démords pas de ton point. T'es *boqué* comme un Écossais !

— C'est quoi, le rapport ?

— OK, OK, interrompt Larry. On se calme, les p'tits gars. On recommence la liste en 4-3-3 ?

— Ouin…

— Larry, mon jumeau adoré, tu es le sage de la famille.

Patrick se tourne vers Philippe et lui tend les bras.

— Je t'aime, Phil. Un bisou ?

Philippe le regarde, bouche bée. Patrick n'a jamais été fâché. Il s'est amusé à le faire enrager.

— Allez, Phil. Je m'excuse. Viens embrasser ton ami Patrick.

Il sourit, dévoilant la marque de commerce des jumeaux Sarrasin : un espace entre les dents d'en avant. Larry pouffe de rire.

Philippe observe Patrick avec un mélange de stupeur et d'amusement. Le jumeau lui lance des clins d'œil, passe la main dans ses cheveux bruns coupés court et roule de l'épaule, jouant les provocantes.

— Je t'aime, Phil.

Patrick insère sa langue entre ses dents et se met à loucher. À cet instant, Philippe décide de chasser sa colère. Il lui donne un coup de poing sur l'épaule.

— Ouch ! dit Patrick.

— Haaa… la *bine* de la paix, tranche Larry. On revient à notre liste, les amoureux ?

— Mais avant, qu'est-ce qu'il a eu l'air idiot, la grande perche à Gagnon, quand tu l'as feinté au dernier match ! s'exclame Patrick.

Par réflexe, Philippe se tourne pour voir si Drolet et Gagnon ne les ont pas entendus, mais ni l'un ni l'autre ne sont en classe aujourd'hui.

Merci, mon Dieu !

— Mets-en, dit son frère. Il a passé aux nouvelles hier. Il cherche Phil depuis deux jours sur le terrain en saignant du nez.

— LA HONTE ! en remet Patrick.

Les garçons éclatent d'un rire bruyant qui leur attire les foudres d'un groupe de filles assises près d'eux, dont la belle Carol-Anne Savoie.

— Le géant de Sainte-Foy, John, c'est sûr qu'il est là, commence Philippe. Il va jouer avec Tommy en défense.

— Heikel, leur milieu, aussi, ajoute Larry en lançant une boule de papier aux filles.

— Sûr et certain, acquiesce Philippe en esquivant la gomme à effacer de Carol-Anne. Il est beaucoup trop fort. Le grand gardien de Charlesbourg aussi.

Les jumeaux approuvent de la tête.

Les trois amis s'entendent sur les onze premiers joueurs. Une fois qu'ils sont rendus aux cinq derniers à sélectionner, les différences d'opinion font surface. La discussion s'anime à nouveau.

— Tu penses vraiment que Drolet et Gagnon vont être pris avant nous ? s'écrie Philippe en s'adressant à Larry. Les deux pires crasses de l'école, qui ont quitté notre équipe pour aller jouer pour Beauport. Avec leurs pères qui gueulent comme des abrutis sur les lignes de côté. Ils seraient dans la sélection régionale, vraiment ?

— T'as raison, répond Patrick, mais jusqu'à maintenant ils sont irréprochables au camp de sélection. Ils se partagent le premier rang des marqueurs, devant toi et moi. Après ça, dans la ligue, c'est assez tranquille. Et pour gagner une compétition comme ça, il faut des buts.

— Drolet et Gagnon dans l'équipe. Deux vrais hypocrites !

— Peut-être, mais je pense qu'ils réussiront.

— Ouin…, concède Phil du bout des lèvres.

Philippe tremble. Les menaces de Drolet résonnent dans sa tête, provoquant un mélange de colère, de crainte et d'incertitude. Le prochain match contre Beauport n'aura lieu qu'au mois d'août, mais il reverra ses deux ennemis au camp de la sélection régionale. Ils tenteront de le blesser, sans aucun doute !

Je peux les croiser n'importe où à Neufchâtel cet été : sur les terrains de soccer du quartier, dans les sentiers du parc Chauveau ou en sortant de la Crèmerie Bunny, rien ne les empêchera de me briser un genou, une cheville ou un bras. Ils sont dans la même classe que moi en mathématiques et en sciences pour les deux derniers examens de l'année ! Ils m'attendront au détour d'un corridor désert de l'école ! Drolet et Gagnon ne reculeront devant rien pour être de l'aventure des Jeux du Québec !

— Il faut aussi compter les trois gars de Québec-Centre surclassés en U15 AAA. Peut-être qu'il y en a un qui est attaquant, observe Larry.

Encore un autre obstacle!

—J'espère que non! dit son jumeau. Sinon, on est les trois dans le pétrin!

—Pourquoi tu dis ça? demande Philippe, anxieux.

—Le *coach* prendra pas six attaquants! Ça ne fera que douze joueurs pour les autres positions! Onze, si on enlève le gardien!

—C'est bien trop vrai..., murmure Philippe.

—Le camp sera sans pitié. Et ça commence en fin de semaine avec le Festival des sélections régionales au Super PEPS.

—On va devoir se forcer en crime si on veut visiter Boston et Gaspé.

—Hein? demande Philippe, distrait.

—Festival des sélections: Super PEPS. Tournoi de préparation: Boston. Jeux du Québec: Gaspé.

—Ah... oui... Très bien...

Philippe a les mains moites.

Il sent la pression sur ses épaules. Des embûches – sa réussite scolaire, la compétition entre les joueurs – entravent son chemin vers une étape importante de son rêve : la sélection régionale. Des menaces planent aussi au-dessus de sa tête : Drolet et Gagnon.

C'est le Festival des sélections cette fin de semaine ! J'avais complètement oublié. Où avais-je la tête ? Suis-je assez rapide ? Assez bon techniquement ? Trop petit ? Trop faible ? Argh ! Je ne peux pas me permettre de passer à côté. Je vais doubler mes séances, écrire à Fabrice et établir des stratégies pour éviter les pièges des deux bandits.

Mme Pascale le sort de ses pensées.

— Ça va, les gars ? Vous n'êtes pas venus me voir.

— Non, on a révisé ensemble, ment Larry.

— Et toi, Philippe, pas de questions ? Tu sais que l'examen de lundi revêt une grande importance pour toi.

— Non, non, ça va. Les jumeaux m'ont vraiment aidé.

Philippe refuse de trahir ses camarades. Ils ignorent ses difficultés scolaires.

Je déteste mentir. Aaah !

Alors qu'il jongle avec ses remords, la cloche le libère. Il quitte la classe et l'école en coup de vent avec deux idées en tête : éviter de croiser Drolet et Gagnon, et s'entraîner.

Philippe enfile son chandail quand il entend son père entrer dans la maison. Il soupire devant le miroir. Le malaise se lit sur son visage. Il n'a pas respecté sa promesse et n'a demandé de l'aide à aucun de ses enseignants.

Pour son père, la vérité prime. Il le lui répète souvent.

J'aurais dû étudier ! Interroger mes profs. Je risque l'échec dans deux matières.

Il sort de sa chambre, le pas lourd. Le trajet jusqu'à la cuisine lui paraît interminable. Son père chantonne sur la musique des Cowboys Fringants alors qu'il prépare le repas.

L'examen de maths a lieu vendredi matin... On est mercredi ! J'ai une série de problèmes à résoudre, des formules à apprendre... Autant tenter de réussir un casse-tête dans le noir. Fichues maths ! J'ai beau essayer, ça me rentre pas dans le cerveau ! J'ai menti à papa, à ma prof, j'ai endommagé la maison et je risque de ne pas réussir mon année ! Tabouère !

— Salut, Phil, ça va ? lui demande son père en coupant des champignons.

Le groupe québécois chante des paroles qui collent tout à fait à Philippe :

♪ *Y'a tout l'temps quatre ronds d'allumés*
sur l'feu d'mes ambitions

Un sourire quasi invisible se dessine sur ses lèvres. Il oublie de répondre à son père.

William Dunn lève des yeux enflammés sur son fils. Il replace une boucle de ses cheveux auburn derrière son oreille.

— *Are you okay ?*

Le souffle coupé, Philippe ravale sa salive. Il a deux choix : il invente une histoire et se met à étudier comme un forcené pour obtenir de bons résultats – les notes rentreront dans trois semaines et ses parents le féliciteront – ou il reconnaît ses erreurs, il déçoit ses parents et étudie comme un damné.

S'il triche, William Dunn va le démasquer après quinze secondes de son regard perçant d'aigle des Highlands.

Avant même que Philippe se décide, son père pose son couteau sur la planche à découper, lisse sa barbe et croise ses bras massifs avant de s'adresser à son fils.

— T'as fait quoi ? *What did you do ?*

5

L'ORAGE ET LE PLAN

Philippe s'assoit à la table et prend une grande respiration.

—J'ai pas ouvert mes livres depuis ce matin, répond-il.

—Que veux-tu dire? demande son père, tendu.

—J'ai parlé de soccer toute la journée avec les jumeaux. J'ai interrogé aucun de mes profs. J'en sais pas plus qu'hier sur les équations algébriques en maths et la masse en sciences.

Philippe évite les yeux de l'aigle, compte les tuiles du plancher et guette l'arrivée de la tempête. D'habitude, elle commence par «*Damn!*», «*For God's sake!*» ou «*Jesus!*». Il tend l'oreille. Rien. Il relève lentement la tête. Alors que le garçon s'apprête à affronter l'œil du cyclone, son père, calme, le fixe durement.

—*No soccer* pour toi d'ici la fin des examens, dit-il.

— Quoi ! s'écrie Philippe. Mais c'est lundi, ça ! Mes entraînements…

La réalité le gifle en plein visage. Quelle horreur !

— C'est le Festival des sélections au Super PEPS en fin de semaine ! JE PEUX PAS RATER ÇA ! P'pa ! Voyons donc, ç'a pas d'allure, ton affaire !

Le rêve de Philippe lui glisse entre les doigts. S'il rate cette compétition, l'entraîneur le retranchera. Drolet et Gagnon se réjouiront de le savoir hors course.

Personne est au courant de mes difficultés scolaires ! Comment je vais expliquer ça à mes amis ?

— P'pa, s'il te plaît, pas le soccer. Mon rêve…

Il étouffe un sanglot.

— *I know, kid, I know. Relax, okay ?*

Son père compatit. Il y a de l'espoir.

— *But, Phil,* il faut que tu comprennes deux choses.

Non… Ses yeux s'embuent de larmes.

— P'pa, s'il te plaît.

— Un, l'école passera toujours en premier, dit-il en ignorant les supplications de son fils.

Philippe plonge son visage dans ses mains. Au revoir, la sélection !

— Deux, quand on donne sa parole, on la respecte.

Son père soupire et lui caresse les cheveux.

— *Sorry, kid.* J'aime te voir jouer, tu sais ?

Philippe frappe la table du plat de sa main, se lève et quitte la cuisine pour sa chambre.

— *Phil, everything is gonna be all right.*

Non, ça n'ira pas. La tempête gronde dans son cœur. Il s'enfuit dans sa chambre, appuie sur le bouton *Play* de la tablette familiale et insère les écouteurs dans ses oreilles. Il plonge dans l'univers de Stromae et de sa chanson *AVF.*

♪ *Allez vous faire…*

Jamais il ne dirait de tels mots à son père. Il le respecte, même dans ses plus grandes colères, mais les paroles du chanteur le libèrent de sa frustration.

C'est entre Stromae et moi !

Pas de soccer pendant six jours. Un vrai cauchemar! Maman constitue mon dernier espoir. Il y a juste son talent de redoutable avocate qui peut ramollir le roc écossais!

— Phil, le souper est prêt! crie-t-elle.

— J'arrive.

Il sait qu'ils discuteront de la situation. Dans sa famille, on jase à table, comme le dit Marie-Lise Gauvin. Surtout, on ne laisse pas traîner les histoires, les rancunes ou les frustrations. En s'assoyant, Philippe découvre avec plaisir les pâtes aux champignons et au poulet gratiné. Les émotions lui ont creusé l'appétit. Il attaque son repas sans tarder.

L'œil affûté de son père se pose sur lui alors qu'il étire le bras pour prendre une tranche de pain. Philippe se sent petit, très petit, comme Gandalf devant le Balrog. Son père brise la glace.

— Chez nous, on respecte ses promesses, sinon on a une dette dans l'âme.

Pas encore un discours sur la vérité!

Philippe continue de manger. Il n'a pas envie de parler. Seul le bruit des fourchettes qui cognent dans le fond des assiettes rompt le silence.

— Alors? demande son père.

— Quoi? répond l'adolescent, agacé.

— Phil, ne me provoque pas, grogne William.

Arrrgh! Papa doit comprendre que c'est injuste!

— Je veux pas te provoquer! Je suis juste en maudit!

— Est-ce moi qui n'ai pas étudié aujourd'hui?

— Non!

— Est-ce moi qui n'ai pas respecté ma promesse?

— BEN NON!

— Alors? Et je te conseille de me donner ta réponse en parlant moins fort.

Sa mère demeure silencieuse. Fidèle à son habitude, elle observe de ses yeux bleus comme des glaciers et pèse ses mots, comme une reine chez les elfes.

— D’aucune façon nous ne pouvons te permettre de jouer cette fin de semaine. Tu as menti et tu n’as pas étudié, tranche-t-elle.

Bye le Super PEPS! Ça me sert à rien de me battre contre un aigle écossais et une reine elfique.

À contrecœur, il capitule et présente ses excuses du bout des lèvres.

La tension baisse d’un cran. Sa mère allonge son bras vers lui.

— Je sais que tu comprendras un jour que nous agissons pour ton bien. Ton père et moi sommes aussi déçus que toi. Crois-moi.

Même si elles sont empreintes de sagesse, les paroles de sa mère ne le réconfortent pas une miette.

Philippe ne pense qu’à son tournoi. Il voit son père fondre sur lui, saisir son rêve dans ses serres et l’emporter au loin, dans le royaume des elfes où la justice est implacable.

Il a le moral d’un ballon dégonflé.

Ne pas participer au Festival des sélections régionales n’était que la pointe de l’iceberg!

Il y a une demi-heure, après le souper, ses parents lui ont présenté la marche à suivre pour racheter sa promesse brisée.

Mes parents sont fous !

Composé en cinq étapes, le plan lui brûlera le cerveau, le couvrira de honte et éliminera ses chances de se rattraper au soccer. Devant l'ordinateur portable de son père, assis à la table de la cuisine, Philippe le relit avec dégoût.

Étape 1 : Écrire aux entraîneurs du Phénix et de la sélection régionale pour expliquer son absence.

Ou comment avoir l'air d'un parfait imbécile.

Étape 2 : Respecter l'horaire d'étude suivant.

	Mercredi	**Jeudi**	**Vendredi**	**Samedi**	**Dimanche**	**Lundi**
8 h à 12 h	Non applicable	Étude Maths	Étude Maths	Étude Sciences	Étude Sciences	Examen Sciences
12 h à 13 h	Non applicable	Repas et temps libre	Repas et temps libre	Repas et temps libre	Repas et temps libre	Repas avec papa et maman
13 h à 16 h	Non applicable	Étude Maths	Examen Maths	Étude Sciences	Étude Sciences	À voir
16 h à 18 h	Présentation du plan	Repas et temps libre	Repas et temps libre	Repas et temps libre	Repas et temps libre	À voir
18 h à 20 h	Lettre aux entraîneurs et début étude maths	Étude Maths	Étude Sciences	Étude Sciences	Étude Sciences	À voir
20 h à 21 h	Temps libre consacré au repos	Temps libre consacré au repos	Temps libre consacré au repos	Temps libre consacré au repos	Temps libre consacré au repos	À voir
21 h	Dodo	Dodo	Dodo	Dodo	Dodo	À voir

Franchement ! J'ai de la difficulté à rester assis pendant quinze minutes consécutives ! Comment pensent-ils que je pourrai suivre leur horaire de sadiques ?

Étape 3 : Trouver une personne-ressource pour faire du rattrapage scolaire.

Impossible ! Je peux pas appeler mes enseignants chez eux !

Étape 4 : Expliquer ses difficultés scolaires aux jumeaux Sarrasin. À faire d'ici l'examen de maths.

Euh... les gars, je suis vraiment poche à l'école, donc cessez d'être drôles et intéressants.

Étape 5 : Comprendre.

Comprendre quoi ? Pas besoin d'un mystère supplémentaire ! La seule chose que je saisis, c'est que la colère d'un Écossais est impitoyable, comme le courant de la rivière qui emporte l'imprudent.

À : ffischer@arsq.qc.ca ; miclecoach@gmail.com
De : familledunngauvin@videobell.ca
Cc : dt@arsq.qc.ca

Objet : Absence de Philippe Dunn-Gauvin

Bonsoir monsieur Fischer et Michael,

Mes parents m'ont demandé de vous écrire parce que je n'ai pas été sérieux dans mes études. Je vais rater les activités de cette fin de semaine jusqu'à mardi parce que je dois étudier et essayer de me rattraper. Je suis désolé, le soccer est important pour moi et je veux vraiment me joindre à l'équipe régionale avec mes amis et les autres joueurs, et j'aime mon équipe, le Phénix. Je vais vous prouver que je suis sérieux, que je peux déployer un maximum d'efforts. J'ai commis une erreur dans mes études et je vais me racheter.
Je ne suis pas fier de moi.

J'espère que vous allez comprendre et que ça ne nuira pas à mes chances en sélection régionale et au Phénix.

Bye,

Philippe

6

MARIE-LISE GAUVIN ET LA LUNE

Jeudi, vingt heures. Une migraine ceinture la tête de Philippe, qui range son corrigé de maths. Hector la Gargouille leur a donné un document d'environ vingt pages de problèmes à résoudre pour l'examen du lendemain.

Il en a complété la moitié et il se demande comment il y est parvenu malgré des raideurs au cou et des douleurs à l'omoplate, au poignet et au bas du dos.

Il essaie de combler une année de mathématiques en à peu près une journée… et il sait qu'il n'y arrivera jamais. Il ne comprend pas la moitié des numéros de la section sur les fractions.

Dénominateurs, numérateurs, équivalences… Ouach ! Du poison pour mes neurones !

Dès neuf heures trente, ce matin, son cerveau surchauffait. Après seulement une heure trente minutes d'étude.

Son cerveau… Un vrai cheval sauvage. Il n'écoute personne, pas même Philippe ! Il dépense autant d'énergie à l'empêcher de galoper dans ses rêves qu'à le dompter à se concentrer sur ses études.

Juste aujourd'hui, Philippe a dû passer au moins deux heures à lui dire : « Woh, le cerveau ! Concentre-toi. Concentre-toi ! Woh ! » Sans compter les minutes interminables où l'angoisse de rater le tournoi de cette fin de semaine l'envahissait.

Philippe se masse le cou en observant la plaque de chêne au-dessus de son bureau.

PHILIPPE DUNN-GAUVIN, N° 12
FC BARCELONE

— C'est impossible, murmure-t-il.

— Philippe ?

Sa mère cogne à la porte de sa chambre.

— Oui, quoi ? dit-il, irrité.

— Je peux entrer ?

— Ouais.

Elle franchit le seuil et dépose un baiser sur le front de son garçon. Philippe frissonne de soulagement, mais tente par tous les moyens de le cacher à sa mère.

— Dure journée, mon grand ?

Elle s'assoit au pied de son lit en replaçant une mèche de ses longs cheveux blonds.

— Tu devrais le savoir, avec un horaire pareil.

Il déteste se disputer avec sa mère, mais il ne possède plus l'énergie nécessaire pour freiner ses émotions.

— Tu n'as pas besoin de me parler comme ça, dit-elle de sa voix douce.

Philippe se tait. Il passe une main dans ses cheveux hirsutes. Elle a raison, mais c'est plus fort que lui. Il leur en veut de l'empêcher de participer au Festival des sélections.

— Ça va aller, demain, tu crois, à ton examen ?

— Non, je pense pas. J'ai juste complété la moitié du document aujourd'hui et je suis même pas sûr d'avoir compris ce que j'ai fait.

— Oh !

Philippe devine la préoccupation de sa mère.

—Je ne te vois pas en cours d'été, reprend-elle. L'école, les matins et les après-midi de juillet.

La vérité le mord comme une couleuvre qu'on surprend au détour d'un sentier. Sa gorge se noue.

J'ai pas pensé aux cours d'été! Les entraînements et les matchs de sélection ont lieu de jour, en période non scolaire. Le voyage à Boston… Tout se passe en juillet! Oh non!

— Philippe, ça va aller, j'en suis sûre. Tu es plus intelligent que tu le penses.

Il ne répond pas. Une boule se forme dans sa poitrine et grimpe jusqu'à sa gorge.

Je risque vraiment de tout rater.

En vain, il ravale sa peine. Une fois, deux fois, trois fois… Il étouffe un sanglot.

JE VAIS TOUT GÂCHER!

— Philippe, dit sa mère, tu vas réussir.

—Je vois pas comment! Pas avec le cerveau que j'ai! Je suis pas Patrick ou Larry, ni la belle Carol-Anne! Je me prépare toujours à la dernière minute! Je suis un idiot!

Avec majesté, sa mère se lève.

— Tu n'es pas un idiot! dit-elle en le pointant du doigt. Tu m'entends!

La reine des elfes a parlé. Elle lui prend l'épaule et le pousse vers la porte.

— Allez, viens. On va se balader un peu.

Philippe la suit sans dire un mot. Quand sa mère a une idée en tête, rien ne sert de s'y opposer. Ils passent devant le salon, où son père lit. L'adolescent ne le regarde pas. Il est hors de question qu'il lui offre ses yeux bouffis et son moral défait.

— On va se promener.

— D'accord. *Okay. Enjoy*, répond-il, absorbé par sa lecture.

Neufchâtel baigne dans une ambiance paisible en ce jeudi soir de juin. Les résidants déambulent tranquillement, le sourire aux lèvres. Des enfants se pourchassent en vélo. Philippe et sa mère empruntent l'avenue Chauveau et ne la quittent qu'une fois rendus au parc du même nom, vingt minutes plus tard.

Ils prennent le sentier derrière le chalet. Les arbres absorbent le bruit des voitures. Alors que sa mère et lui passent derrière les deux terrains de soccer du parc, Philippe remarque que des élèves de son école jouent un match. Il reconnaît Carol-Anne Savoie. Un gentil frisson court sur sa nuque…

Mère et fils poursuivent leur promenade et s'enfoncent dans la forêt. La lune dépose ses rayons bleutés sur le sentier et les douleurs de Philippe. Ils cheminent ainsi, en silence, jusqu'à un point de vue surélevé donnant sur les berges de la rivière. Là, un banc de pierre les attend. Marie-Lise s'assoit la première. Philippe l'imite.

Une brise fraîche chatouille les feuilles des arbres qui rigolent tandis que la rivière Saint-Charles frémit de bonheur. Des milliers d'étincelles scintillent à la surface de l'eau.

Philippe se calme. Le rire des feuilles. Le bonheur de la rivière. La course de la lumière. Il respire, gonfle ses poumons, se relâche. Ses pensées s'arrêtent.

Le vide. Seule la douce harmonie du parc Chauveau. C'est reposant, tellement reposant. Il plonge en lui.

Philippe ignore combien de temps il s'est ainsi reposé, mais lorsque sa mère lui touche l'épaule il met quelques secondes à recouvrer ses esprits.

— Viens, on rentre. Je vais te préparer un bon *smoothie*, d'accord ?

— Merci.

Et dans ce merci, une autre émotion se cache.

Il n'arrive pas à mettre le doigt dessus alors qu'ils remontent l'avenue Chauveau. La perspective de son examen de maths, de la sélection régionale et des cours d'été l'inquiète encore un peu, mais elle ne l'envahit plus. Qu'y avait-il donc dans ce remerciement ?

Ils empruntent la rue de l'Amazone. Au loin, un chien jappe. On entend des enfants crier en jouant. Philippe les envie. Ils profitent des premières soirées de l'été sans tracas.

Son esprit vagabonde et il se rappelle une soirée comme celle-ci, à Wendake, sur la réserve huronne-wendat, chez Jérémie. Une femme avait visité la famille de son ami pour y raconter des histoires sur leur peuple. Il se souvient de l'une d'entre elles, concernant la création du monde et l'importance des mères et des grands-mères chez les Hurons-Wendat. *Grand-mère Lune,* racontait la femme aux yeux en amande.

Ma mère vient de chasser mes angoisses. Sans morale, sans discours et sans grande cérémonie, elle a retiré la boule de mon ventre.

Il comprend le respect intemporel des Hurons et se rappelle les paroles de la conteuse.

« Les mères sont les meilleures des guides. Dans la forêt, elles te montrent les chemins à prendre sans choisir le sentier pour toi. »

Alors qu'elle passe devant la maison des Wiseman, sa mère rompt le silence.

— Tu sais que M. Hardy, le propriétaire de la librairie Le livre secret, au coin du boulevard de l'Ormière et de l'avenue Chauveau, près de la pharmacie, est un homme savant et fort aidant. Pour ce que j'en sais, les vendredis avant-midi sont assez tranquilles dans son commerce. Peut-être aurait-il du temps à tuer demain matin ?

Elle s'esclaffe et son rire en cascade se réverbère sur les façades des maisons des voisins.

Sa mère l'aiguillonne vers la troisième étape de son plan ! Il vient de trouver la personne-ressource pour l'aider !

Il rentre à la maison et se dirige vers la salle de bain. Après sa toilette du soir, Philippe se couche. Une dernière pensée effleure son esprit.

Je dois pas viser 100 % à mes examens. J'atteindrai pas ce résultat dans ma situation. Je veux réussir l'examen, assurer ma survie scolaire, pas devenir le successeur d'Einstein ! Un jour, j'améliorerai mes notes, mais pour le moment je me bats contre l'échec.

Dans le salon, sa mère discute avec son père. « Grand-mère Lune » perce la noirceur de sa chambre et pose ses rayons sur son oreiller. Par la fenêtre ouverte, il lui semble que le vent apporte le frémissement de la rivière Saint-Charles.

Philippe ferme les yeux, rejoint Messi et la foule tonitruante du Camp Nou.

7

LE LIBRAIRE

Philippe a accompli un exploit extraordinaire. De cinq heures à sept heures, ce matin, il a travaillé sur son document de maths. En deux heures, il a complété la seconde moitié.

Mieux encore, il a réussi ses rôties « cuisson beurre d'arachide » parfaitement !

À sept heures trente, il termine son déjeuner et commence à rédiger les questions qu'il posera à M. Hardy, le libraire.

Même son cheval de cerveau collabore. Philippe n'en revient pas ! Il progresse sur la route des mathématiques et sa concentration égale, voire surpasse celle de ses entraînements.

Sors le soccer de tes pensées avant que ton cerveau prenne le mors aux dents !

Philippe n'est pas un génie des maths, mais il a confiance qu'il réussira si le libraire accepte de l'aider. Pendant une heure trente, l'adolescent accumule les questions à un rythme fou. Sa feuille se remplit aussi vite que sa liste de cadeaux de Noël.

— Je peux entrer ?

Philippe sursaute et se redresse sur sa chaise.

— Oui.

Merde! J'ai pas respecté l'horaire! J'étais trop concentré!

— Ça va ? demande son père en posant ses yeux d'aigle sur lui.

— Vraiment.

William reçoit la sincérité de son fils avec grand plaisir. Il sourit.

Fiou! Papa est satisfait!

— *Good job, Phil.* Je suis content. Je t'ai préparé un lunch pour ton dîner. Un sandwich aux œufs, au cas où tu aurais besoin de manger rapidement. Je l'ai laissé dans le frigo, dans le sac noir.

— Merci, p'pa.

— Moi aussi, je me suis levé tôt ce matin, c'est pourquoi j'ai cuisiné. *Good luck, kid.*

Peu de choses échappent à son père.

— *And don't worry*, Léonard va venir réparer le revêtement de la maison cet après-midi. *Have a nice day !*

— Merci. Désolé, dit Philippe en rougissant. J'avais oublié.

William lance un regard complice à son fils et quitte la maison en sifflant.

Il est neuf heures cinq. Il faut qu'il y aille. Philippe s'applique à ne rien oublier. Sa feuille de notes, ses formules, sa calculatrice, son étui à crayons, sa gourde d'eau et son matériel de révision. Il les glisse dans son sac et consulte son agenda. Mathématiques, groupe 203, local B-206.

Argh ! Pas la fournaise de l'école ! Il fait tellement chaud dans ce local-là qu'on se croirait en enfer.

Philippe enfile les bretelles de son sac et cherche sa casquette en vain.

Encore le look échevelé ce matin !

Il récupère son lunch, salue sa mère et part pour la librairie. Une fois arrivé, il s'immobilise juste devant l'arrêt d'autobus. Comment diable demandera-t-il à M. Hardy de l'aider ?

Je le connais pas et je débarque dans sa librairie avec cinquante-trois questions.

Il hésite. Devrait-il rebrousser chemin ?

Bah ! Quel joueur de soccer du FC Barcelone aurait peur d'un libraire ? Sûrement pas Messi.

Philippe pousse la porte du Livre secret et entre en coup de vent. Des bandes dessinées, des bouquins, des *comic books*, des affiches de films et des jeux de société occupent les tablettes, les présentoirs, les murs. On a disposé des fauteuils et des tables un peu partout. Philippe a les mains moites, des robinets aux aisselles et de grosses perles de sueur au front.

Un livre attire son attention : *Endgame – La clé du ciel.*

— Il y a un deuxième tome qui est sorti, murmure-t-il.

— Tu connais la série *Endgame* ? demande une voix pleine de gentillesse dans son dos.

Philippe se tourne et répond aussitôt.

— Oui ! J'ai lu le premier en trois jours à Noël l'an passé !

Woh ! Je m'attendais pas à ça !

Philippe s'imaginait un vieil homme courbé, canne à la main. Au contraire, l'homme devant lui a à peine trente ans, un physique de sportif, des cheveux courts, coiffés à la mode, et porte un jean, des souliers Lacoste blancs et un chandail de Superman.

— Moi aussi, je l'ai bouffé, le premier. Tu as lu le deuxième ?

— Non, mais je suis pas vraiment venu pour ça, monsieur.

— Oh ! D'accord. Alors, qu'est-ce que je peux faire pour toi ?

—Je joue au soccer, dit Philippe, la voix enrouée.

— Ah… Eh bien ! Tant mieux !

Le libraire fronce les sourcils, songeur. Philippe s'éclaircit la gorge.

—Je dois passer mon examen de maths tantôt.

— Pauvre toi.

M. Hardy croise les bras et le fixe, l'index sur le menton.

Ce que je dis n'a ni queue ni tête!

— Voulez-vous m'aider? lance-t-il soudainement.

Le libraire sourit.

— Au soccer?

— Non, non, pas au soccer. Je sais bien qu'un rat de bibliothèque aime pas le sport. C'est en maths que je veux de l'aide. J'ai des problèmes!

— Viens-tu de me traiter de rat de bibliothèque? demande l'homme en plissant les yeux.

—Je… c'est que… désolé, je veux pas dire que…

Arrrgh! Mais je suis un vrai empoté! Le seigneur des abrutis! Chaque fois que je deviens nerveux, mon cerveau part en vrille et mes pensées galopent plus vite que ma raison. Rat de bibliothèque! Quelle belle façon de demander un coup de main! M. Hardy constitue mon dernier espoir.

Philippe s'efforce de mettre de l'ordre dans ses idées. Lorsque le calme revient, il lui explique:

—Je voulais pas vous insulter. C'était une expression. Je suis vraiment nerveux. J'essaie de me préparer pour mon examen de maths de cet après-midi. Ma mère m'a dit que vous m'aideriez peut-être.

Mal à l'aise devant le mutisme du libraire, il s'essuie le front de la main droite.

—HA! HA! HA! Un rat de bibliothèque! Attends que je dise ça à ma blonde! Allez, sors-moi tes problèmes et viens t'asseoir à la caisse. C'est tranquille le matin, comme tu peux le voir. Un rat de bibliothèque!

La tonne de pression qui pesait sur les épaules de Philippe disparaît. Il a sa chance. Tout n'est peut-être pas perdu. Enthousiaste, il suit l'homme jusqu'au comptoir et remarque un tatouage à l'intérieur de son biceps droit.

—J'avais jamais pensé qu'on pouvait vendre des livres et être tatoué, lâche Philippe.

Aussitôt, il plaque une main sur sa bouche.

— Ha ! Ha ! Ha ! On va bien s'entendre, toi et moi ! Je m'appelle Hugo, Hugo Hardy.

— Philippe, Philippe Dunn-Gauvin.

— Enchanté. Bon, tu l'ouvres, ton cahier, qu'on te sauve les fesses ? dit-il en le poussant amicalement.

Philippe sort son document de révision et Hugo le lui arrache aussitôt des mains.

— CE N'EST PAS VRAI ! La vieille fripouille d'Hector enseigne encore ? C'est le même sacré document que celui dans mon temps ! Dis-moi, tu t'es endormi combien de fois dans son cours, cette année ? Sept, huit ? Moi, je m'étais endormi dix fois ! Hector Somnifère enseigne encore ! Attends un peu, j'écris à deux ou trois de mes *chums* pour leur dire ça et on commence.

Philippe pétille de joie tandis qu'Hugo transmet la bonne nouvelle à ses amis sur son téléphone intelligent. Il a devant lui le libraire le plus *cool* du monde.

8

LANCER LA SERVIETTE

— Laissez-moi passer !

Philippe sprinte dans la cour d'école, zigzague entre les élèves.

— Merde ! Vingt minutes de retard !

Il cavale et grimpe quatre à quatre les marches de l'escalier menant à son local. Il renverse presque un enseignant au détour d'un couloir. Les copies d'examens volent dans les airs et le prof vocifère.

— DÉSOLÉ !

Aussitôt, cinq têtes de profs sortent de leurs locaux et lancent des « CHUT ! » exaspérés.

— Désolé.

Enfin, la fournaise du B-206 apparaît au bout du couloir. Philippe ralentit la cadence. Sa poitrine brûle. Il cogne à la porte, le chandail détrempé. Comment peut-on ne pas retranscrire la bonne heure d'un examen dans un agenda ?

J'ai un décalage horaire entre mon cerveau et ma main !

Le pas traînant d'Hector la Gargouille se dirige vers la porte.

L'enseignant le dévisage. Bon Dieu qu'il est gris !

— Ces vingt minutes de retard pourraient vous coûter votre année, monsieur Dunn-Gauvin.

Le doute traverse l'esprit de Philippe. Hector la Gargouille s'écarte et lui indique sa place, à l'avant, d'un geste las.

Les élèves l'observent. Les jumeaux lui font des clins d'œil. Alex Drolet le toise avec dédain en hochant la tête. Philippe se glace.

Il fait tellement chaud !

Alors qu'il circule entre les bureaux, il accroche un étui à crayons. Il se penche, le récupère et se relève.

— On va te pogner, lui dit Francis Gagnon. On veut pas t'avoir avec nous à Boston.

Gagnon lui arrache l'étui des mains.

Philippe est tétanisé.

Le vautour me menace en pleine classe ! Un vrai fou ! Je n'aurais jamais dû l'humilier sur le terrain avec ma feinte.

— Monsieur Dunn-Gauvin ? Vous comptez rester planté là longtemps ?

Des rires étouffés suivent la remarque de l'enseignant. Philippe sort de sa torpeur et regagne sa place. Il renifle ses aisselles discrètement.

S'il fallait que je pue en plus !

Il rêve d'une serviette pour éponger sa peau sur laquelle sa copie d'examen se colle.

Je veux disparaître. Quitter l'école, le soccer. Je vais tout rater…

— Psst, Phil !

Quelqu'un lui parle, en diagonale, derrière lui.

Il l'ignore.

— Psst, Phil. Phil. Phil.

Exacerbé, il capitule et se retourne. La belle Carol-Anne Savoie lui tend une serviette.

—Je l'ai utilisée pour me sécher les cheveux après mon entraînement de volley, ce matin.

Elle lui sourit, belle.

Il prend la serviette et ses doigts frôlent le poignet de Carol-Anne. Une décharge électrique court aussitôt dans sa poitrine, mais une goutte de sueur perle sur son nez et le sort de sa rêverie. Trop tard. Elle quitte son visage et s'écrase sur sa copie, sous les yeux de Carol-Anne qui pouffe de rire.

Philippe rougit, embarrassé. Il se tourne avec la serviette sans dire merci et maudit le jour où son cerveau a décidé de prendre des vacances dans un autre pays.

Sans crier gare, ses soucis disparaissent. Il enfouit son visage dans la serviette de Carol-Anne et se réfugie dans l'odeur de son shampoing une bonne minute.

À regret, il quitte son abri et se plonge dans l'examen de la Gargouille.

Il pénètre dans l'univers des mathématiques. Finies les menaces de Drolet et de Gagnon, la serviette de Carol-Anne, la sélection régionale. Il n'y a que lui et les problèmes à résoudre.

Hector la Gargouille, l'être le plus étrange qu'il connaisse, lui fiche la peur de sa vie quand il pose sa main effilée sur son épaule à la fin de l'examen et des quinze minutes supplémentaires. Il lui reste cinq numéros à terminer. Philippe remet sa copie à l'enseignant.

—Je vous appellerai à la maison cette fin de semaine pour vous donner votre résultat et vous remettre, ou non, les instructions pour les cours d'été.

Le visage d'Hector se tortille en une espèce de grimace qui, pense Philippe, se veut une expression sympathique. Il frissonne et quitte la classe.

C'était quoi cette face-là? Il me veut du bien ou du mal?

Les jumeaux le rejoignent dans le corridor. Ensemble, ils marchent vers les casiers.

— Qu'est-ce que tu as fichu, Phil ? Te présenter avec vingt minutes de retard à l'examen de la Gargouille, tu voulais mourir ? demande Patrick en s'assoyant sur un banc.

— Moi, je pense qu'il voulait voir la Gargouille en colère.

Philippe rit en déposant la serviette de Carol-Anne dans son sac. Une bouffée de shampoing aux fruits le happe.

Mon Dieu que ça sent bon !

— Le grand pas beau à Gagnon, il t'a dit quoi pour que tu gèles de même ? demande Larry.

— Bah ! Pas grand-chose, ment-il. J'ai figé parce que je savais pas si j'allais avoir le temps de finir mon examen.

— Qu'est-ce que tu faisais ? dit Larry en lançant une balle de ping-pong sur les casiers.

—Je révisais et j'ai pas vu le temps passer. J'ai couru de la librairie à l'école.

La bouche grande ouverte, les frères Sarrasin observent leur ami comme ils ont scruté la grenouille disséquée au mois de novembre dernier, dans l'atelier de sciences.

— Avez-vous fini de me regarder comme ça ?

— Tu révisais ? demande Larry d'une voix mécanique.

— À la librairie ? ajoute Patrick.

— Tu as perdu la notion du temps en étudiant… vraiment ? renchérit Larry.

— Oui ! C'est pas si difficile que ça à croire. Je veux pas me taper des cours d'été et rater ma sélection.

— Des cours d'été ? répliquent-ils en même temps.

Philippe réalise qu'il leur parle de ses difficultés scolaires pour la première fois.

— Tu as de la misère en maths ? s'inquiète Larry.

— Oui, dit Philippe, embarrassé.

— Tu aurais dû nous le dire, affirme Patrick.

— Tu penses que c'est si facile que ça, avouer qu'on est « poche » ? éructe Philippe, les joues rouges.

— Non, dit Patrick en se dressant devant lui, mais si tu nous l'avais dit, on aurait pu t'aider.

La réponse le surprend. Il se rappelle le plan de ses parents et l'étape concernant les jumeaux. Il saute sur l'occasion.

— Justement, il va falloir que vous m'aidiez, oui. Mais pas avec mes études. Mon père m'a demandé de vous parler. J'ai pas été capable de le faire avant l'examen comme il le souhaitait, mais vaut mieux tard que jamais.

Larry se lève et rejoint son frère.

— Quoi ? dit-il.

— Mes parents veulent que je vous dise…

Il fait une pause.

— Quoi ? s'énerve Patrick. Envoie !

— Il faut que vous cessiez de me déconcentrer avec le soccer et vos blagues durant les périodes d'étude et de classe. Je suis… facilement distrait.

— Dans ce cas, tu dois plus trimballer la serviette de la belle Carol-Anne, dit Patrick, espiègle.

— Mais de quoi tu parles ? réplique Phil.

— C'est vrai que ça te déconcentre de tes objectifs, la serviette d'une jolie fille comme ça. Je ferais mieux de la prendre.

— Attends, je vais t'aider, ajoute l'autre.

Larry vole le sac et Patrick le fouille. Philippe met quelques secondes à réagir et s'empresse de récupérer ses effets.

Les jumeaux rient comme des fous.

— Allons, allons, Phil, du calme. C'est pour ton bien.

— Oui, on doit s'assurer que tes études sont ta priorité.

Patrick porte la serviette à son visage et prend une profonde respiration. Larry se joint à lui.

— Hum ! Un délice, dit-il, les yeux fermés.

— Vraiment, relance son frère.

— Donnez-moi ça ! s'écrie Phil en saisissant un coin de la serviette.

Les jumeaux empoignent l'autre côté et improvisent un match de souque à la corde.

— Phil, c'est pour ton bien, ricanent-ils encore.

— Vous êtes deux imbéciles ! Donnez-la-moi !

— On veut t'avoir en sélection !

— On peut pas laisser ton attirance pour elle nuire à tes études et à ton soccer, Phil, laisse-nous faire.

Au même moment, Carol-Anne et trois de ses amies surgissent dans la rangée de casiers. Philippe lâche aussitôt la serviette et les deux frères s'écrasent dans un fracas de cartables et de jurons.

Les jambes de Philippe ramollissent. Carol-Anne s'approche et lui sourit. Il fond. Ses yeux s'accrochent à ses longs cheveux soyeux.

— Oh, oh ! dit Patrick en se relevant, Carol-Anne a un œil sur toi, mon bel Écossais !

— Mets-en ! dit l'autre. Tu as vu ce sourire, Phil ?

— Non ! Et donnez-moi sa serviette !

D'un coup d'œil, Patrick s'entend avec son frère.

— Reprends-la, mais tu dois nous jurer une chose.

— Quoi ? dit Philippe, méfiant.

— Dès que les examens sont terminés, tu invites Carol-Anne au cinéma.

— Aucun problème.

Le sourire des jumeaux s'efface et une expression admirative le remplace. Philippe se surprend lui-même. Une part secrète de son âme, assoiffée de connaître Carol-Anne, a parlé.

9

UNE GARGOUILLE, LE PREMIER MATIN DES VACANCES

Abasourdi, Philippe, encore en pyjama, voit Hector la Gargouille entrer chez lui et s'installer dans la cuisine.

Philippe se frotte les yeux pour s'assurer qu'il ne rêve pas.

La Gargouille, le premier jour des vacances, à huit heures trente, chez moi !

— Que nous vaut l'honneur de votre visite, monsieur Émond ? demande sa mère.

M. Émond ! Je savais même pas son nom !

— Pardonnez mon arrivée surprise, mais je suis matinal.

— *No problem*, dit son père en pianotant sur la table.

— Je jugeais important de vous transmettre certaines informations de vive voix.

Les membres de la famille Dunn-Gauvin se redressent sur leurs chaises, nerveux. Philippe devra-t-il suivre des cours d'été?

—J'ai corrigé l'examen de notre jeune ami en fin de semaine, dimanche soir pour être plus précis.

Les Dunn-Gauvin attendent la suite, pendus aux lèvres d'Hector la Gargouille.

—J'imagine que vous deviez attendre le résultat.

Hector parle lentement. Philippe n'en peut plus de l'entendre prononcer ses phrases à la même vitesse que Sylvebarbe, du *Seigneur des anneaux*. Son père a les oreilles rouges et tape du pied, sa mère se mord la joue.

— *Yes*, oui, dit William Dunn en soupirant.

—Bon, alors je ne prolongerai pas votre supplice. Philippe a obtenu la note de cinquante-sept pour cent.

Un coup de tonnerre éclate dans la tête de Philippe.

Non! J'avais besoin de soixante et un pour cent pour sauver mon année.

— *Damn!* Donc, il devra suivre des cours d'été ?

— Normalement, oui.

Philippe plonge son visage dans ses mains, défait. Les sélections s'éloignent. Sa confiance encaisse un coup de poing de la force de Georges St-Pierre.

— Philippe, l'interpelle son enseignant.

— Quoi? répond-il en appuyant son front sur ses paumes.

— Tu connais Hugo Hardy ?

— Oui, il m'a aidé pour votre examen, répond Philippe, préoccupé. Un de vos anciens élèves…

— Oui, le pire. Le plus brillant, mais une catastrophe sur deux jambes.

Philippe laisse échapper un rire.

— Désolé, dit-il.

— Il n'y a pas de quoi. Il m'a dit que tu avais abattu un travail impressionnant en seulement deux ou trois jours de révision.

— C'est vrai, mais ç'a pas suffi.

— Nous verrons.

La dernière remarque de la Gargouille pique la curiosité de Philippe.

— J'ai aussi su, poursuit son enseignant, que tu avais sprinté de sa librairie à mon local après avoir réalisé que tu t'étais trompé d'heure.

Philippe s'en souvient. Sans ce retard, peut-être aurait-il obtenu la note de passage ?

— Tu m'impressionnes, Philippe.

Où veut-il en venir ?

— Mer... merci.

— Tu es le premier élève à avoir couru pour se rendre à l'un de mes examens.

J'en peux plus. Il le dit ou pas, son plan ?

Le visage de la Gargouille se tord.

Mon Dieu ! Il ressemble à Gollum !

— Donnez-moi une chance ! s'écrie l'adolescent.

— *Phil, stay polite !*

— Philippe, on ne s'adresse pas à un enseignant de la sorte !

La Gargouille reste muet, les lèvres figées dans une espèce de grimace que l'enseignant semble prendre pour un sourire.

J'ai été trop enthousiaste ?

Soudain, les traits d'Hector Émond s'animent. Son rire, sonore, résonne dans la maison des Dunn-Gauvin.

Il fait peur !

— À ce qu'on m'a dit, tu es aussi un féroce compétiteur, affirme-t-il en s'essuyant les yeux. Pour la première fois de ma longue carrière de trente et un ans en enseignement, je vais accorder une seconde chance à un élève.

— Quoi ? dit Philippe.

— *What ?*

Le professeur fouille dans sa vieille serviette en cuir grenu, sort l'examen de Philippe et l'ouvre à la page incomplète.

— Je te redonne les vingt minutes que tu as ratées pour terminer ton examen. Je t'accorderai les points en conséquence.

Une vague de reconnaissance envahit Philippe. Hector la Gargouille devient le prof le plus *cool* de la planète.

Les parents de Philippe remercient chaleureusement l'enseignant et quittent la cuisine. Philippe prend le crayon tendu par Hector.

— Top chrono. Vingt minutes. Bonne chance, jeune homme.

En lui, les notes aériennes de *Scotland the Brave* voltigent.

Philippe attaque sa deuxième chance avec férocité, comme le loup pourchasse le cerf en hiver.

10

LA NAISSANCE DU CAUCHEMAR

Philippe transpire à grosses gouttes. Il a chaud, malgré le vent et la pluie. L'intensité de l'entraînement de la sélection atteint un niveau qu'il n'a jamais connu ailleurs. Et Philippe fournit encore plus d'efforts, car il a raté les matchs du Festival des sélections, la fin de semaine précédente.

J'ai seulement deux séances pour les convaincre!

Grâce au ciel, il a retiré deux obstacles de sa route ce matin. Non seulement il a réussi le défi de la Gargouille, mais il a aussi appris qu'il avait passé ses sciences.

Reste le plus grand défi: exceller sur le terrain malgré les menaces de Drolet et de Gagnon.

Jusqu'à maintenant, tout va bien. À peine arrivés au stade des Élans du Collège Garneau, les entraîneurs ont accueilli les joueurs et les ont mis à l'ouvrage. Philippe a donc pu éviter ses ennemis. Pour l'instant, les exercices ne les ont pas opposés, mais il sent, dans son dos, leurs regards remplis de haine.

— Pause, les gars. Ensuite, on passe à une phase jouée avant de terminer.

Philippe se rend à la fontaine, près de la clôture. Une fois désaltéré, il se relève et aperçoit ses deux mauvais génies se taper dans la main et échanger quelques mots. Le grand Gagnon se dirige vers lui. À quelques mètres, le vautour se penche pour attacher son soulier.

— Dunn. Surveille-toi. Parce qu'il y a pas juste Drolet et moi qui voulons te pogner.

— C'est quoi, le problème ?

Philippe panique.

D'autres joueurs m'aiment pas ? Impossible ! Je me rappelle pas avoir été désagréable avec qui que ce soit sur un terrain.

Il ne bouge plus, paralysé par la peur.

Dois-je en parler aux jumeaux, à Jérémie ? Non. Les impliquer envenimerait la situation.

— Phil ! Tu viens ? l'interpelle M. Fischer avec son accent français.

Les autres joueurs se tournent vers lui. Resté seul à la fontaine, il secoue la tête et s'empresse de rejoindre le groupe.

— Très bien, maintenant, nous allons poursuivre notre apprentissage du principe d'appui-soutien avec un quatre contre quatre avec appuis à la ligne du fond. Le ballon part toujours des gardiens. Vous marquez, votre équipe reste. Le terrain aux gagnants ! Les parties ne durent pas plus de deux minutes. Il faut obligatoirement toucher un appui avant de compter un but. On garde les équipes comme elles sont. Orange contre bleu pour commencer. Jaune en appui. Rouge, avec Guillaume, en travail technique.

Merde ! Drolet joue avec moi et Gagnon évolue dans les bleus.

Son équipe connaît un départ canon. Elle remporte les quatre premiers matchs et Philippe touche le fond du filet à deux reprises, à la suite de beaux enchaînements contrôle-frappe. Être ambidextre ne l'a jamais aussi bien servi. Il ajoute une passe décisive pour Drolet, qui ne le remercie même pas.

Les bleus reviennent sur le terrain. Drolet adresse une passe de traître à Philippe, entre Gagnon et lui. Le duel est inévitable. Le vautour prend de la vitesse, Philippe aussi. Ils arrivent au ballon en même temps. Philippe positionne son corps derrière la sphère, pour tenter de la bloquer, mais Gagnon a un autre plan. Au dernier moment, il se jette au sol et tacle, les crampons devant. Les souliers du grand Gagnon plantent leurs serres dans la cheville droite de Philippe, qui s'écroule.

— AHHH ! hurle Philippe en martelant le sol de ses poings.

M. Fischer siffle. Les jumeaux Sarrasin, en appui derrière les buts, insultent Gagnon.

— T'es vraiment cave !

— Qu'est-ce qui t'a pris, cabochon ? T'es malade !

— Il a glissé, répond Drolet, un sourire mauvais sur le visage.

— Mon œil qu'il a glissé ! éructe Tommy.

— On se calme, on se calme, demande M. Fischer.

Gagnon se penche sur Philippe.

— Désolé, Phil, j'ai glissé.

M. Fischer lui demande de s'éloigner.

— Oui, monsieur Fischer. Pas de problème. Encore désolé, Phil, répète-t-il en lui tapant dans le dos.

La cheville de Philippe gonfle. Il a mal, très mal, et les excuses hypocrites de Gagnon ne le soulagent guère.

— Philippe, tu continues ou tu préfères aller voir le physio ?

— Je continue.

Il se lève. La douleur irradie dans son tibia.

J'abandonnerai pas !

Le jeu reprend. Le ballon se dirige vers la ligne de côté. Heikel, le super milieu de Sainte-Foy, arme le pied pour centrer. Les larmes aux yeux, Philippe accélère et attaque le deuxième poteau. Ils sont trois attaquants et deux défenseurs. Tendu, sortant, le centre se dirige vers Philippe. Malgré sa cheville raide, celui-ci saute.

Je vais compter de la tête !

Crac ! Un coup de coude en plein sur le nez.

— Ayoye ! *Câlique !*

— Hon... *Scuse*-moi, entend-il derrière lui.

Encore Gagnon ! Le ballon repart dans l'autre sens et l'équipe adverse s'inscrit au pointage.

Du sang coule de son nez et des élancements douloureux courent jusqu'à ses oreilles. Malgré sa souffrance, Philippe se rend à l'atelier technique de Guillaume.

— Ça va, Phil ? lui demande l'entraîneur adjoint, inquiet.

— Oui, oui, ment-il, une mauvaise chute.

Il essuie le sang avec la manche de son gilet.

Peu de temps après, Franck Fischer annonce la fin de l'entraînement. Philippe prend son sac et quitte le stade des Élans.

Il boite et a mal à la tête.

Les tambours de ses ancêtres n'ont pas résonné.

Il est seul...

Son rêve éveillé tourne au cauchemar.

11

LA FIN DU CAUCHEMAR

Devant le miroir de sa chambre, Philippe examine son visage et n'arrive pas à dire lequel des deux coups de Gagnon lui a causé le plus de dommages.

Le tacle à sa cheville l'a empêché de s'entraîner pendant les cinq derniers jours, l'a conduit à trois reprises à la clinique de physiothérapie et l'a contraint à immerger son pied dans une chaudière d'eau froide et de glace quatre fois par jour.

Le coup de coude a bleui l'arête de son nez et le dessous de ses yeux, a freiné son intention d'inviter la belle Carol-Anne au cinéma et a dérangé son sommeil.

Pourtant, ses blessures font piètre figure face au désarroi de son cœur.

Jérémie et les jumeaux Sarrasin se doutent de quelque chose. Chaque jour, ils l'ont appelé pour prendre de ses nouvelles et l'inviter à sortir. Ses réponses: «Oui, je vais bien» et «Non, je reste chez moi».

Ce matin, son physiothérapeute lui a donné l'autorisation de reprendre l'entraînement. Ses parents se sont réjouis. Pas lui.

Philippe ne sait plus s'il veut continuer.

Je vais justifier mon abandon comment? La vérité sur l'intimidation de Drolet et de Gagnon? Hors de question! Trop de conséquences et de risques. Simuler une blessure plus grave? Pas mon genre.

Résigné, il soupire.

Je poursuivrai. J'ai pas le choix si je veux éviter les interrogatoires.

Il ferme les yeux et cherche en vain ses ancêtres et le son de leurs tambours.

Découragé, il s'assoit sur son lit et fixe la plaque dorée sur laquelle il a gravé son rêve.

PHILIPPE DUNN-GAUVIN, N° 12
FC BARCELONE

Philippe se démène dans la rue de l'Actif. Depuis six heures trente, il tape sur son ballon. Ce soir, à dix-neuf heures, ce sera le dernier entraînement de la sélection avant les choix finaux. Il pleut et fait encore plus froid que le mardi précédent. Alors qu'il termine son dernier exercice, il voit la voiture de Fabrice apparaître. Son parrain sort de son auto et ouvre un parapluie aux couleurs de l'Impact de Montréal.

— Salut, la machine. Ça va mieux, ta cheville, on dirait.

La bonne humeur de son parrain résonne dans la rue déserte, mais Philippe n'a pas le cœur à rire.

— Oui, ça va.

— *Oh boy!* Tu n'es pas bavard ce matin.

— Non, Fab. Désolé.

Philippe adore son parrain. Il s'agit de son mentor et de l'un des meilleurs entraîneurs de la Ville de Québec.

— Tu dois avoir faim. On va manger chez Cora?

Cette proposition plaît à l'estomac de l'adolescent qui crie famine.

—Je me change et j'arrive.

—*All right.* Je t'attends dans l'auto.

Philippe enfile des vêtements propres en vitesse et rejoint son parrain. Le flot incessant des paroles de Dr. Dre le met de meilleure humeur.

— Fab, ce n'est pas parce que tu es noir que tu dois écouter du rap.

—Ha! Ha! Ha! Content de voir que tu te réveilles, la machine.

Au restaurant, ils s'assoient à une table donnant sur le boulevard de l'Ormière. Un autobus arrose un passant sur le trottoir, une camionnette brûle un feu rouge et une jeune femme fait son jogging matinal. Philippe observe la scène sans sourciller quand, d'un seul coup, Gagnon et Drolet reviennent le hanter. Il pâlit. Son parrain le remarque.

— Qu'est-ce qui se passe?

—J'ai pas envie d'en discuter.

— Tu devrais, pourtant.

— Pourquoi ?

— Parce que ça fait du bien.

— Ouin…

— Tu ne me crois pas ? se vexe-t-il.

— Oui, Fab.

— Je sais ce que tu as.

— J'ai pas envie d'en parler.

— D'accord, mais tu peux m'écouter.

Philippe sourit.

Quand Fabrice a une idée derrière la tête…

— Tes blessures, c'est Gagnon et Drolet, hein ? Les deux tatas ?

Comment a-t-il deviné ?

— Les deux cocos te donnent la chienne ?

Encore ! Il vise juste. Philippe approuve de la tête.

— Je le savais, éructe Fabrice en frappant la table. Désolé. Je ne te réciterai pas de beaux discours de sport ce matin. Je vais juste te répéter une chose que m'a dite papa un jour.

C'est la première fois que Philippe voit Fabrice s'énerver ainsi.

— Tu savais que la mère de papa a perdu la vie quand il avait neuf ans ?

— Non.

Philippe peine à s'imaginer son grand-père en culottes courtes.

— À l'époque, quand un homme devenait veuf, l'usage voulait que ses enfants soient répartis dans différentes familles. Papa avait cinq frères. Son père a refusé de les séparer et a préservé sa famille intacte.

Ému, Fabrice a la lèvre inférieure avancée.

— Quand papa demandait la raison de sa décision à son propre père, il recevait toujours la même réponse : « Dans la vie, on n'abandonne jamais. » Il y a cinq ans, j'ai voulu connaître à mon tour ce qui avait poussé papa à m'adopter, malgré le fait que maman et lui avaient déjà trois enfants. Il m'a raconté son voyage en Haïti, sa rencontre avec moi à l'orphelinat et l'histoire de son père.

La serveuse interrompt leur entretien et dépose leurs assiettes. Celle de Philippe déborde de crêpes, de bananes et de chocolat.

— Mangeons, maintenant.

— Merci, Fabrice.

Alors qu'il s'empiffre, Philippe retrouve son ambition : il jouera en sélection.

— Philippe, je voudrais discuter avec toi, lui dit l'entraîneur, Franck Fischer.

Philippe lace ses souliers et s'empresse de le rejoindre à l'extérieur du vestiaire. Grand, mince, M. Fischer ressemble à un sympathique criquet.

— Ça va, les blessures ?

— Oui, ment-il.

Sa cheville entre à peine dans sa chaussure et elle élance.

— Écoute, je ne passerai pas par quatre chemins. Crois-tu que ces gestes à ton endroit étaient volontaires ?

Philippe ravale sa salive.

Fabrice lui a parlé?

— Non. Je pense que c'étaient des accidents.

Pas question de m'attirer plus d'ennuis.

— Vous avez un historique, Gagnon, Drolet et toi, non?

— Oui, mais ce qui se passe sur le terrain reste sur le terrain.

Sa réponse semble réjouir M. Fischer.

— Bien! Bien! On se voit sur le synthétique dans dix minutes.

M. Fischer part en sifflant un air joyeux. Philippe se pétrifie. Gagnon et Drolet sortent du vestiaire au moment où il y retourne.

— C'est beau, ton maquillage, Dunn, le nargue Drolet en pointant son nez.

Gagnon se contente de rire. Philippe les ignore et retrouve les jumeaux Sarrasin, Jérémie et Tommy.

— Il te voulait quoi, le *coach*? demande Patrick.

— Il m'a demandé si j'étais correct.

—Je te crois pas, dit Larry.

— Moi non plus, déclarent en chœur ses trois autres amis.

— Tu fais ce que tu veux, Phil, mais nous, on va pas laisser ces deux imbéciles-là te démolir, dit Tommy.

Les trois autres approuvent avec conviction.

Je veux pas de bagarre!

— Viens-t'en. L'entraînement commence, dit Patrick.

Les cinq coéquipiers du Phénix se lèvent.

Juste avant de quitter le vestiaire, Philippe croise John Ninkala, de Sainte-Foy. Le géant africain le regarde intensément. On dirait qu'il veut lui parler, mais change d'idée au dernier moment, se dépêche de se rendre à son casier et enfile son survêtement pour affronter la pluie.

Philippe sort et le vent lui griffe le visage.

L'entraînement se déroule sans incidents. Philippe réalise de belles choses, mais sa cheville limite ses mouvements et son nez nuit à sa respiration. Néanmoins, il quitte le stade des Élans satisfait. Il a retrouvé le goût de jouer et a beaucoup moins peur.

Il se couche, stressé. Demain, il recevra la réponse de Franck Fischer sur la composition finale de l'équipe.

Philippe s'endort en jetant un dernier coup d'œil à sa plaque dorée.

Dans ses rêves, il se balade dans les rues de Boston et se couvre de gloire à Gaspé.

Le lendemain matin, il se réveille à six heures et dévale les marches menant au sous-sol pour allumer la tablette. Il y a un nouveau message de M. Fischer.

À : familledunngauvin@videobell.ca
De : ffischer@arsq.qc.ca
Cc : dt@arsq.qc.ca

Objet : Liste des 16 joueurs et des 2 réservistes

Bonjour Philippe,

C'est avec regret que je t'annonce
que tu ne fais pas partie des
16 premiers joueurs sélectionnés.

Tu possèdes de superbes qualités, notamment le fait que tu sois ambidextre, mais la compétition à ton poste d'attaquant était féroce.

Je sais que c'est une mince consolation, mais tu es le 17e joueur. Ce qui fait de toi le premier réserviste s'il arrive une blessure à l'un des 16 joueurs sélectionnés.

J'espère sincèrement te voir aux entraînements de jour et à la retraite fermée de la mi-juillet.

Malheureusement, tu ne pourras pas participer à la tournée de matchs à Boston ni aux Jeux du Québec à Gaspé.

Je suis disponible si tu as des questions.

Franck Fischer
Entraîneur-chef
Sélection régionale masculine
ARSQ

PARTIE 2
RENAÎTRE

12

UNE LETTRE AU TEMPS DES TEXTOS

Aux premières lueurs de l'aube, Philippe sort de son sommeil. Il lui semble entendre à l'extérieur des pas précipités s'éloigner de la maison. Il tend l'oreille. Rien. Son imagination doit lui jouer des tours. Un cardinal et des hirondelles chantent. Les stores mi-clos filtrent la pâle lumière du soleil.

Philippe se rendort. Il ne se lèvera pas à six heures, comme d'habitude. Il n'en a plus envie. Il est perdu.

Philippe ouvre l'œil. Son cadran indique neuf heures trente. Sa plaque dorée scintille.

— Le dix-septième joueur ! Quelle merde !

Les premiers mots de sa journée n'annoncent rien de bon. C'est aujourd'hui qu'il se décide.

Prendra-t-il part ou non à l'entraînement de cet après-midi et à la retraite fermée à la mi-juillet ?

—Je pourrais peut-être blesser un des deux tatas, Drolet ou Gagnon, dit-il à voix haute.

Sa mère l'entend.

— Tu es réveillé, Philippe ?

— Oui, répond-il.

— Super ! Viens dans la cuisine, il y a quelque chose pour toi.

— Maman, je te l'ai dit, je vais bien.

Il ouvre la porte de sa chambre.

—Je suis déçu, démotivé, mais je vais bien. P'pa et toi m'avez soutenu, emmené au cinéma. Fabrice m'a parlé de l'importance de l'adversité et de ne jamais abandonner, et grand-maman et grand-papa Gauvin me nourrissent de choux à la crème, de club sandwichs et de frites maison. Sérieux, cessez de vous inquiéter !

Il entre dans la cuisine. Une enveloppe adressée à son nom, à l'encre rose, repose sur son napperon.

— C'est quoi, ça ? demande-t-il.

— *We don't know, you tell us*, répond son père, espiègle.

— C'était dans la boîte aux lettres ce matin ! Quelqu'un ou… *quelqu'une* l'a déposée au petit matin.

Surexcitée, sa mère saisit la lettre et l'échappe dans l'assiette de son mari, sur une rôtie couverte de confiture.

— Chérie, *calm down* ! la somme William.

— Maman, fais attention !

— Désolée, j'ai de la difficulté à me contrôler quand ça te concerne !

Elle essuie l'enveloppe.

Philippe reconnaît l'écriture de Carol-Anne Savoie. Une décharge électrique le secoue. Le mot « Philippe » en lettres roses envoie aux oubliettes ses problèmes de dix-septième joueur.

Carol-Anne Savoie ! Il retourne dans sa chambre et dévore la lettre.

Salut, Phil!

Tu vas bien? Moi, oui, vraiment.

Tu sais que tu es dur à joindre? Depuis la fin de l'école, je veux te parler... Je t'écris ça et je suis super gênée. J'ai cherché partout sur Facebook! Rien! J'ai demandé à tes amis ton adresse de courriel et ton numéro de cell. Rien!

Je voulais t'envoyer un texto... Je ne pouvais pas.

J'ai envie de te parler, Phil. Je pensais être capable à la fin de l'école, aux examens de maths ou de sciences, mais ça n'a pas adonné. Sinon, il y a les jumeaux, mes amies...

Sérieux, je trouve que ça flashe que tu ne sois pas sur Facebook ni Instagram et que tu n'aies pas de cell.

T'es mystérieux...

Ma sœur m'a suggéré de t'écrire une lettre. Elle dit que c'est super romantique... Elle a vu ça dans un film. Jérémie m'a dit où tu restais.

Phil, je dois t'avouer une chose: je pense à toi, souvent, TRÈS souvent.

Toi aussi ? J'espère que oui ! J'aimerais vraiment ça te voir cet été.

Appelle-moi, je te laisse mon numéro de cell au verso : comme ça, t'es sûr de ne pas tomber sur ma sœur ou mes parents !

Si tu veux, on peut aller botter des ballons de soccer au parc Chauveau ou au stade. Tu me donneras des trucs ! Je ne suis pas super bonne.

Je suis pas mal meilleure au volley ! En tout cas, appelle-moi !

Caro XXX

Je suis mystérieux ! Elle pense à moi TRÈS *souvent. Carol-Anne Savoie veut* ME *voir ! Mon Dieu ! La vie est belle ! Elle m'a donné son numéro de cellulaire ! Vite, je l'appelle !*

— Oui, allô, répond une voix enthousiaste.

Le plus beau « Oui, allô » de l'univers.

Philippe fige.

Je dis quoi ?

13

LA FORÊT ENCHANTÉE

Nerveux, Philippe s'efforce de ne pas pédaler trop rapidement. Pourtant, dès qu'il pense à Carol-Anne, il accélère. Elle l'attire, comme un aimant.

Alors qu'il traverse le boulevard de l'Ormière pour atteindre la piste cyclable de l'avenue Chauveau, il voit Hugo Hardy, le bibliothécaire, à bord de sa voiture sport, qui klaxonne et lui envoie la main. Philippe lui retourne la politesse et poursuit son chemin.

Il jette un rapide coup d'œil à sa montre: dix heures. Encore quinze minutes avant son rendez-vous avec Carol-Anne. Après avoir figé au téléphone, Philippe a surmonté sa timidité et a invité la jeune fille à venir taper des ballons avec lui au parc Chauveau.

Le matin même! Seulement trois quarts d'heure après son appel. Carol-Anne s'est empressée d'accepter, puis a raccroché à la suite d'un «À tantôt» enjoué.

Philippe a sauté dans la douche, a mangé son petit-déjeuner en trois bouchées et a quitté la maison en coup de vent.

— *Where are you going, Phil?* a demandé son père.

— Taper des ballons au parc Chauveau! a-t-il crié à travers la moustiquaire.

Arrivé à destination dix minutes en avance, Philippe entre dans le chalet par-derrière. Fabrice lui a remis un double de la clé et lui a divulgué la combinaison pour désarmer le système d'alarme afin qu'il y récupère, à sa guise, le matériel d'entraînement entreposé. Voilà l'un des nombreux avantages d'avoir un oncle directeur de son club de soccer.

Il sort par l'avant, une poche de ballons sur le dos. Assise dans les estrades en pierre, Carol-Anne, déjà sur place, patiente en écoutant de la musique, les yeux fermés. Elle porte une camisole blanche affichant un dessin de papillon et un short en jean bleu poudre. Ses cheveux, noués en une queue-de-cheval, ont des reflets de blé.

Philippe a le souffle coupé.

— Mon Dieu, murmure-t-il, comme une prière.

À pas feutrés, il avance vers elle.

Il se souviendra de ce moment toute sa vie.

Rassemblant son courage, il lui touche l'épaule du bout des doigts. À ce contact, il sent sa pression monter et il freine une irrépressible envie de serrer la belle contre lui.

Il se ressaisit quand elle ouvre les yeux et rougit.

— Salut ! dit-elle, ravie.

— Salut, répond Philippe, envoûté par les notes de bonheur qui chantent dans sa voix.

— Tu me regardes depuis longtemps ?

— Au moins une minute, répond Philippe.

— Ho ! dit-elle, le visage cramoisi.

Je la trouve tellement belle !

— On va taper des ballons ? demande-t-il.

Pendant une demi-heure, les jeunes athlètes s'exercent en se lançant des regards à la dérobée.

— On va se balader dans le parc ? dit Carol-Anne.

— Oui. Laisse-moi juste ranger les ballons avant.

— Parfait, je t'attends dans le sentier derrière le chalet.

Philippe s'empresse de tout mettre en ordre et court la rejoindre. Ils marchent côte à côte et s'enfoncent dans les bois feuillus du parc Chauveau. Ils y croisent des promeneurs, des joggeurs, des familles.

Petit à petit, Carol-Anne s'approche de Philippe et lui prend la main. Philippe a le sang qui bout. Elle pose sa tête contre son épaule. L'odeur de ses cheveux l'ensorcelle.

Devrait-il l'embrasser, là, maintenant, au milieu du bois, près de la rivière ?

Tout s'enchaîne si vite.

Il ne comprend pas ce qu'éveille Carol-Anne en lui. Avant ce matin, il n'avait jamais ressenti une aussi vive attirance pour une fille. Oui, il l'avait remarquée à l'école et s'était surpris à laisser traîner son regard longtemps sur ses jambes sportives, mais de là à jongler avec l'idée de l'embrasser dès leur premier rendez-vous, il y avait un monde ! Ils n'ont que quatorze ans !

N'empêche, son cœur et son corps lui dictent le contraire. Au creux de son ventre grandit un courage inconnu, une envie d'aller plus loin. Il aperçoit un sentier qui conduit sur les berges de la rivière et le suit. La respiration de Carol-Anne s'accélère, ce qui le rassure. Les bouleversements l'habitent aussi.

Il laisse son audace prendre le dessus. D'un geste délicat, il tourne Carol-Anne vers lui, ferme les yeux et l'embrasse.

Leurs lèvres s'effleurent, avec maladresse. Puis, elles s'habituent. Carol-Anne se pend à son cou et, dans un synchronisme inspiré, ils pressent leurs corps l'un contre l'autre.

Philippe est catapulté dans un endroit merveilleux, au-delà de ses ancêtres, quelque part où n'existent que la célébration et Carol-Anne.

À contrecœur, il quitte ce lieu quand leurs bouches se séparent. Ils ouvrent les yeux en même temps. Carol-Anne se mord la lèvre inférieure, les pommettes rouges.

— Wow…, souffle-t-elle, toujours pendue à son cou. Tu m'as conduite dans la forêt enchantée ou quoi ?

— Pourquoi tu dis ça ? demande-t-il en riant.

— Parce que, pour un premier baiser *ever*, une princesse ne peut pas mieux souhaiter ! Fiou ! J'ai chaud…

Le compliment lui va droit au cœur, mais le charme se rompt au moment où le cellulaire de Carol-Anne sonne.

— Merde ! C'est ma mère, dit-elle en s'éloignant de Philippe. Oui, maman. J'arrive ! Je le sais, on part bientôt. Quoi ? Il est onze heures trente ? Déjà cette heure-là ! Merde ! J'arrive, on sera pas en retard, je te le promets !

Elle raccroche.

— Phil, il faut que je parte.

— Hein ? Quoi ?

— Faut vraiment que je parte, mais je dois te parler avant. Ma mère va m'attendre à la sortie du parc. Je pars pour le reste de l'été.

— Quoi ? Mais non !

— Oui, je joue au volley, je te l'ai dit.

— Dans ta lettre, oui.

— C'est ça. J'ai été sélectionnée dans l'équipe de la région pour les Jeux du Québec. On s'entraînera les quatre prochaines semaines pas loin de Gaspé, là où aura lieu la compétition. L'autobus part dans une heure du Walmart, sur l'autoroute Duplessis.

Philippe peine à suivre Carol-Anne.

—Je dois vraiment y aller. C'est pour ça que je voulais te parler. Je voulais que tu saches avant que je parte que je suis amoureuse de toi. Je veux que tu m'attendes. On va se voir à mon retour des Jeux, promis. Je dois vraiment partir.

Elle l'embrasse de nouveau.

— On va s'écrire, Phil.

Elle détale comme une gazelle dans les bois.

Ahuri, Philippe s'efforce d'ordonner ses idées.

Ai-je une blonde ? Qu'est-ce qui m'a pris de l'embrasser si vite ? Je suis amoureux ? Carol-Anne va aux Jeux du Québec !

Il se tourne vers la rivière en espérant qu'elle exauce les souhaits.

—Je serai le dix-septième joueur, prêt à tout pour devenir le seizième.

Il s'élance dans la forêt en se remémorant son premier baiser. Un moment magique. Assez puissant pour le sortir de son cauchemar et le ramener sur le chemin de son rêve.

14

LE DIX-HUITIÈME JOUEUR

Philippe entre au stade. Les jumeaux, Jérémie et Tommy se précipitent sur lui.

— Salut, Phil ! Vite, viens voir le vestiaire ! C'est malade, ce qu'ils ont fait ! dit Larry.

Outre quelques tapes réconfortantes dans le dos, personne ne mentionne la dix-septième place de Philippe en sélection. Il est heureux que ses amis agissent ainsi, car il n'a pas envie de parler de la situation. Sans l'électrochoc de son rendez-vous avec Carol-Anne, il ne serait pas venu.

Par contre, il doit se l'avouer, voir ses quatre amis du Phénix sélectionnés blesse sa fierté. Il tente par tous les diables de se réjouir pour eux alors qu'ils descendent les marches vers les vestiaires, mais il les envie.

À son entrée dans le vestiaire, Philippe a le souffle coupé. Les entraîneurs et un grand homme chauve d'une cinquantaine d'années les attendent. La salle, décorée aux couleurs du Dynamo de Québec, regorge d'équipement.

— Phil ! Quelle attitude ! Tu es là ! Bravo ! lui dit M. Fischer.

En culottes courtes, il ressemble encore plus à un criquet. Philippe ne sait trop quoi répondre.

Une bonne attitude ? Moi ? Bravo ? S'il démontre tant d'enthousiasme à mon égard, Franck Fischer aurait dû me sélectionner !

— Je te présente Albert Duarte, le grand patron de la région ! poursuit M. Fischer.

L'homme s'avance et lui serre la main. Ses longs doigts s'entourent autour de son poignet alors qu'il pose ses yeux intelligents sur lui.

— Salut, Philippe, dit-il. Tu as pris la bonne décision. Je t'en félicite.

Les mots d'Albert Duarte dissipent sur-le-champ les doutes que Philippe entretenait sur sa présence comme dix-septième joueur. Il se rappelle un cours de français dans lequel il avait étudié la notion de charisme. Le professeur avait fait une présentation aux élèves sur le comédien Marc Labrèche et le chanteur

Jean Leloup, deux hommes qu'ils ne connaissaient que de nom avant de visionner les vidéos en classe. Après trente minutes, Philippe les avait adoptés.

Albert Duarte possède ce don. Il convainc.

Probablement parce qu'il se dégage de lui beaucoup d'honnêteté.

— Philippe, ta place est là-bas, enchaîne Guillaume, l'entraîneur adjoint. Tout ce qui se trouve là t'appartient, sauf les uniformes de match. On met le *kit* d'entraînement bleu aujourd'hui.

C'est Noël avant le temps. On dirait un vestiaire de pros, comme dans les reportages sur le FC Barcelone! Un sac de sport, quatre paires de bas, un survêtement, un manteau de pluie, quatre culottes courtes, deux chandails d'entraînement et un kangourou. De marque Adidas! Wow!

Lorsqu'il remarque le numéro 17 inscrit sur chacune des pièces de son équipement, il grince des dents.

Merde! Je veux bien croire que j'ai pris une bonne décision, mais c'est pas nécessaire de me coller l'étiquette 17 dans le front.

Philippe frappe le mur de son poing.

Du calme. Plusieurs joueurs paieraient pour prendre ma place. N'empêche… mes quatre coéquipiers du Phénix porteront des numéros plus bas que le mien… Pire, Drolet et Gagnon aussi. Super !

Dernier à sortir du vestiaire, il se rend au centre du terrain parsemé de cônes, de dossards et de ballons.

— Bonjour, dit Albert Duarte. Je vous félicite pour votre sélection. Sachez que vous êtes privilégiés. L'équipement, le terrain, les entraîneurs, les coéquipiers ; on vous traitera comme des pros. Nous vous demandons trois choses en retour. Du respect, de l'effort et une bonne attitude. On peut vous retirer de cette équipe à n'importe quel moment si vous manquez à notre code de conduite.

En disant cela, il désigne une affiche collée au mur : un immense logo du Dynamo de Québec au-dessus des trois valeurs qu'il vient d'énoncer.

— Avant chaque entraînement, je veux que vous alliez donner trois petits coups de poing sur le logo. C'est le rituel du Dynamo.

— Comme dans les équipes de football de la NCAA ? demande Charles, un excellent technicien de Charlesbourg.

Il porte le numéro 9.

— En plein ça, Charles. Allez-y !

Les joueurs se dirigent vers l'affiche. Charles tape le logo le premier et Philippe remarque la solennité de son geste. Inspiré, il l'imite.

— Beau numéro, Dunn, lui dit Gagnon avec arrogance.

— Mets-en, mais le meilleur pour toi aurait été le 18, rajoute Drolet.

Blessé, Philippe ouvre la bouche pour répliquer, mais une autre voix parle plus fort que la sienne.

— Les fermez-vous, vos grandes trappes, vous autres ? Sacrez-y la paix.

Tommy, furieux, fait face aux deux bourreaux. Les joueurs autour d'eux se taisent.

— Doucement, monsieur leadership, lui dit Gagnon. T'as entendu le grand chauve à Duarte tantôt ? L'attitude, le respect. Tu voudrais pas perdre ton brassard de capitaine, hein ?

Tommy fulmine. Presque aussi grand que Gagnon, il ne le craint pas. Philippe envie son coéquipier. Il aimerait posséder ce courage pour se défendre seul.

— T'es chanceux, Gagnon, dit Tommy en lui tournant le dos.

— Quoi? Qu'est-ce que t'as dit? le défie Gagnon.

La tension monte d'un cran. Philippe n'aime pas ça.

— J'ai dit que t'es chanceux, répète Tommy sans se retourner.

— Toi, mon maudit frais de capitaine…

La bagarre semble imminente. Philippe ne sait plus où se mettre. Sur le point de s'élancer vers Tommy, Gagnon trouve David, le grand gardien de but, en travers de son chemin.

— C'est assez. Moi, je veux gagner l'or. Tu ne vas pas te battre ici, Gagnon.

— Alors, les gars, on commence? demande M. Fischer, ignorant tout de ce qui vient de se passer. On travaille l'appui-soutien aujourd'hui, poursuit-il. Échauffement à la brésilienne. John et Tommy, les capitaines, c'est vous qui menez. Ensuite, les numéros 3 à 6 avec Guillaume pour l'exercice de passes, et 7 à 18 avec moi pour la conservation.

Drolet et Gagnon pouffent de rire en regardant Philippe et en pointant du doigt les chiffres sur leurs chandails : 11 et 12. Ils ne le lâcheront pas.

À la fin de l'échauffement, Philippe remarque que John Ninkala, le cocapitaine format géant, le fixe avec intensité.

Bon, un autre. Veut-il me parler ? Sûrement pas. M'intimider ? Probablement.

Philippe l'évite.

Un peu plus loin, il surprend Larry en train d'encourager Patrick.

— Vas-y, je vais être correct. Faut qu'on s'habitue, dit Larry à son frère.

— Ç'a pas de sens ! Surtout avec les deux caves, Drolet et Gagnon. Je trouve ça dur en maudit.

— Moi aussi, mais il faut qu'on l'accepte.

— Ouin… S'ils te font quoi que ce soit, je vais m'en occuper. Je me fous de perdre ma place.

— Hors de question que tu te fasses mettre dehors ! dit Larry en quittant Patrick.

La vérité frappe Philippe.

Larry porte le numéro 18 ! Séparé de son jumeau sur le terrain pour la première fois de sa vie, il m'a accueilli au stade avec joie. Mon Phil, tu te plains le ventre plein.

Pendant une semaine, les frères Sarrasin ont tenté de lui remonter le moral. Et voilà que Larry motive Patrick !

Il a une attitude de feu !

Philippe se dépêche d'aller à sa rencontre et marche à ses côtés.

— Je savais pas pour le dix-huitième joueur. J'avais pas remarqué… Je suis désolé, Larry.

— C'est pas grave, dit-il. Je l'accepte.

Philippe sait que c'est faux. Il partage sa douleur et regrette d'avoir été si égoïste. Une idée surgit dans son esprit.

— Veux-tu que je me rachète ? demande-t-il à Larry.

— T'as pas besoin.

Philippe ignore la réponse du jumeau.

— J'ai embrassé Carol-Anne, ce matin.

Larry saisit l'avant-bras de son ami.

— QUOI ? Tu me NIAISES ?

— Alors, les copains du Phénix, vous venez ? dit M. Fischer, entouré des autres joueurs.

Les deux compagnons accélèrent.

— Au parc Chauveau, près de la rivière.

— Non, mais sérieux, avec une nouvelle pareille, on s'en fout, de nos numéros ! conclut Larry.

Philippe repense à son baiser avec Carol-Anne et le 17 imprimé sur son chandail s'évapore dans la tendresse de son souvenir.

15

LE DOUTE AVANT LA RETRAITE

Pour Philippe, les deux semaines qui suivent l'annonce de la constitution de l'équipe défilent aussi vite qu'une accélération de Neymar en contre-attaque.

Du lundi au vendredi, Philippe, les jumeaux, Jérémie et Tommy passent leur temps au stade Chauveau ; les entraînements de la sélection et du Phénix ont lieu de jour.

Aussitôt leurs activités terminées, les cinq mousquetaires – c'est ainsi que les appelle Henry, l'immense gardien du stade, le Hagrid de Québec en quelque sorte – enfourchent leur vélo et se rendent chez les grands-parents de Philippe, où les attendent une piscine, la délicieuse cuisine de grand-maman Louise et un patio ensoleillé où planifier leurs soirées.

Les fins de semaine, outre le match du dimanche, Philippe pratique un tas d'autres loisirs que le soccer, comme le lui recommande son parrain.

Les activités en sélection se déroulent sans incident majeur entre Drolet, Gagnon et lui. Alors que Tommy, les jumeaux et Jérémie demeurent vigilants, ses deux bourreaux se désintéressent de lui, ne lui accordent que peu d'attention outre quelques commentaires arrogants sur le plaisir de leur voyage à venir à Boston et aux Jeux du Québec, qui ne manquent pas de pincer le cœur de Philippe.

Philippe retrouve le goût du jeu, son flair offensif devient de plus en plus décisif. La plupart du temps, en sélection, il évolue à son poste habituel, ailier gauche. Il développe une chimie particulière avec Heikel, le super milieu de Sainte-Foy, Charles, l'attaquant centre de Charlesbourg, et, curieusement, Gagnon, qui joue à la défense, juste derrière lui. M. Fischer félicite Philippe à de nombreuses occasions et, même s'il n'arrive pas à expliquer pourquoi, Philippe a l'impression qu'Albert Duarte, le directeur technique de la région, assis dans les gradins du stade lors des entraînements, l'observe attentivement.

En club, avec ses coéquipiers du Phénix, ils remportent leurs deux matchs, ce qui les maintient au deuxième rang, en embuscade, à un point de la puissante machine de Beauport. Derrière eux soufflent les équipes de Chaudière-Ouest et de Sainte-Foy. Seules les deux premières équipes au classement accéderont au championnat provincial U15 AAA l'année suivante, en ligue élite du Québec. Philippe espère que le Phénix se classera.

Pour le moment, grouillant sans cesse sur sa chaise de cuisine, il peut écarter cette préoccupation. Une trêve de trois semaines débute aujourd'hui et les activités en club sont suspendues jusqu'au retour des Jeux du Québec.

Philippe piaffe d'impatience. Son sac de couchage, son oreiller, sa valise et son sac de sport près de la porte, il consulte sa montre. Dans trente minutes, il part pour la retraite fermée, avec ses coéquipiers de la sélection. Le lieu, inconnu des joueurs, mais pas des parents ni des entraîneurs, a animé les discussions de l'entraînement de la veille.

— P'pa, on y va ou pas ?

— *Yes, yes. You're not going to New York, damn !* dit son père de la salle de bain.

— William, Philippe a hâte de partir avec ses amis. *Let's go !* répond sa mère en faisant un clin d'œil à son fils.

— Merci, m'man !

— *I'm coming !*

Dix minutes plus tard, Philippe embrasse sa mère et enlace son père, un peu gêné, sous les yeux de ses camarades.

Une fois dans l'autobus, Jérémie lui fait signe de venir s'asseoir avec lui. Tommy s'installe dans le siège devant eux et les jumeaux, derrière. À côté, deux joueurs de Beauport saluent Philippe amicalement.

Des complices de Drolet et de Gagnon ? Un autre piège ?

— Alors, les gars, dit Franck Fischer, vous êtes prêts pour notre retraite de trois jours ?

— Oui, répondent les joueurs de l'équipe.

— Bien, voici le plan. Nous allons rouler environ trois heures et, à notre arrivée, vous irez porter vos effets personnels dans un… bâtiment. Ensuite, vous enfilerez vos souliers de course et votre tenue d'entraînement blanche. Compris ?

— Oui !

Dès la fin de l'annonce de l'entraîneur, les joueurs de l'équipe se penchent sur leur cellulaire ou leur tablette. Philippe n'en a pas. Ses parents insistent pour qu'il garde la tête droite plutôt que de courber l'échine devant la technologie. Il trouve cela ennuyeux. Il aimerait bien avoir un appareil, lui aussi. Il entend souvent Larry, Patrick et Jérémie parler de commentaires sur Twitter ou d'une photo sur Instagram. Perdus dans le halo bleuté de leurs écrans, les coéquipiers de Philippe ne discutent plus entre eux. Dans l'autobus règne un silence de mort.

Philippe se sent seul… Il pense à Carol-Anne. S'il avait un téléphone intelligent, il lui enverrait des textos. Depuis leur baiser dans les bois enchantés du parc Chauveau, il n'a eu aucune nouvelle d'elle.

Je me demande si elle a du temps libre après ses entraînements. Peut-être qu'elle a plus envie de me parler ? Et si elle avait rencontré quelqu'un d'autre ? Un grand joueur de volleyball, qualifié pour les Jeux du Québec, et qui est pas dix-septième sur une liste !

L'autobus s'immobilise soudainement au milieu du pont Pierre-Laporte. Philippe regarde en direction du chauffeur pour comprendre ce qu'il se passe. Un bouchon de circulation.

Il aperçoit un autre joueur qui n'a pas de cellulaire. John Ninkala. Le cœur de Philippe bat à tout rompre. Il jurerait que le géant africain veut lui parler.

Qu'a-t-il donc à me fixer ainsi ?

Philippe s'empresse de fouiller dans son sac et en sort un roman : *Endgame – La clé du ciel.* Il plonge dans l'univers apocalyptique de son livre et n'en ressort que deux heures plus tard.

— Bienvenue à Pohénégamook, les gars ! crie M. Fischer alors que l'autobus circule dans un charmant village.

Il roule encore une vingtaine de minutes pour arriver près d'un lac, niché au creux des montagnes, qui miroite au soleil tandis que de petits chalets jaunes les y attendent.

— Premier chalet, les gars portant les numéros 1 à 4. Deuxième chalet, 5 à 10. Troisième chalet, 11 à 14. Quatrième chalet, 15 à 18 ! Vous avez dix minutes pour vous changer et vous installer. Séance de préparation physique sur la plage avec Guillaume. C'est parti !

Heureux comme un prince, Philippe récupère les clés de leur chalet. Larry et lui se dirigent en courant vers leur maison des trois prochains jours. Ils ouvrent la porte et découvrent une charmante habitation comprenant une petite cuisine, une table en bois et deux chambres. Ils déposent leurs bagages dans une chambre et enfilent leur tenue blanche. Une minute plus tard, ils sont prêts à sortir.

Au pied de l'escalier, Philippe croise John Ninkala. Son enthousiasme disparaît. Le géant dormira sous le même toit que lui…

16

CAROL-ANNE À LA BELLE ÉTOILE

Durant les deux premiers jours, Philippe surprend les regards de John sur lui. Il jongle avec l'idée d'en discuter avec son groupe d'amis, réunis autour du feu, en face du chalet de Jérémie et de Tommy. Patrick et Larry les y ont rejoints, de même qu'Heikel et Charles.

— C'était vraiment le *fun*, ici, dit Charles en se piquant une guimauve.

— Mets-en, approuve Patrick, la bouche pleine.

— Dommage qu'on doive partir demain matin, dit Heikel.

— Ouin… Deux jours, c'est trop court, dit Tommy.

Un silence s'installe, que seuls le chant des criquets et le crépitement du feu rompent.

— Veux-tu une saucisse, Heikel ? demande Patrick. Je viens de la bénir, tu peux la manger !

— Ha ! Ha ! Ha ! s'exclame Heikel. Je la raconterai à mon père, celle-là. Non merci, je pense que ta bénédiction vaut pas cher aux yeux d'Allah ! Tu penses trop souvent aux filles.

— Ha ! Ha ! Ha ! s'esclaffe l'ensemble du groupe.

Philippe remarque la sincérité du rire de Charles.

— Parlant de demoiselles…, commence Larry.

Le salaud ! Il va tout raconter.

— Quoi ? interroge Philippe, feignant l'ignorance.

— Phil, dit Larry, je te laisse trente secondes pour avouer ou je le fais à ta place.

— Quel salopard !

La troupe s'excite. Les questions et commentaires fusent de partout.

— Quoi ?

— Qui ?

— T'as fait quoi ?

— Envoye !

— *Let's go !*

— OK, OK ! Fermez-vous ! Je vais parler, dit Philippe.

— Chut ! les somme Patrick.

Le jumeau de Larry semble sur le point d'exploser. Le silence s'installe de nouveau. Assis sur leurs bûches, les gars attendent la confidence de Philippe comme des hyènes leur part du festin.

— Bah ! dit Philippe. Pourquoi pas ?

Il fait une pause.

— J'ai embrassé une fille, il y a deux semaines.

Patrick lui donne un coup de poing, Jérémie l'applaudit. Tommy et Charles se tapent sur les cuisses. Heikel et Larry sourient.

— Hooo !

— Boom !

— *Let's go !*

— *Whaaat ?*

— ALLEZ !

— Taisez-vous ! Du calme, du calme, demande Patrick.

Le groupe obéit. Patrick peine à se contenir.

— Messieurs, d'autres questions m'apparaissent majeures, poursuit-il.

Les autres approuvent l'intervention de leur animateur improvisé.

— Philippe, demande-t-il solennellement, est-ce que c'était a) correct, b) bien, c) incroyable ?

Patrick mime en même temps. Les gars rient comme des ivrognes. Philippe prend plaisir à faire languir son auditoire. Enfin, il répond à la question.

— C, incroyable.

Cette fois, un tonnerre de cris retentit. Les amis se lèvent d'un bond. Ils bondissent, bousculent Philippe.

— Fermez-la ! Fermez-la ! FERMEZ-LA ! ordonne encore Patrick.

La bande s'immobilise.

— Philippe : qui ? demande-t-il.

— Carol-Anne Savoie ! dit Larry en montrant une photo d'elle sur son cellulaire. Venez voir ça, les gars ! Elle est sur Facebook et Instagram.

Les coéquipiers s'agglutinent autour du téléphone du jumeau. Philippe aussi. Seize jours ont passé depuis son baiser. La revoir sur l'écran lui chamboule l'esprit.

— A-t-elle des photos d'un voyage dans le Sud ? demande Patrick.

— Toi, mon maudit sale ! s'écrie Philippe.

Patrick détale comme un lapin en riant. Philippe le rattrape et lui frotte la tête. Ils retrouvent les autres en se poussant amicalement.

Le calme revient. Philippe flaire la bonne occasion et se décide.

— Les *boys*, le grand Ninkala, il me regarde bizarrement. Pensez-vous qu'il va se mettre sur mon cas comme les deux caves ?

— Ninkala ? Jamais, répond aussitôt Heikel. À Sainte-Foy, c'est le gars le plus correct.

— Lors de l'activité de canot, hier, on avait le même bateau. Il est vraiment *nice*, ajoute Charles.

— Qu'est-ce qu'il me veut, vous pensez ?

— Je ne sais pas, répond Heikel.

— Demande-lui donc, suggère Jérémie.

— Toi, tu parles pas souvent, mais maudit que t'es brillant, lui dit Patrick.

Le groupe rit. Au loin, on entend le signal du couvre-feu. Les garçons éteignent les flammes et se souhaitent bonne nuit. Philippe se dirige vers son chalet avec Larry.

— As-tu reparlé à Caro ? demande-t-il.

— Non, elle est partie dans le coin de Gaspé, quinze minutes après notre baiser.

— Ah, c'est poche, ça. Pourquoi elle est là-bas ?

— Elle va jouer au volley aux Jeux du Québec. Son équipe se prépare presque un mois avant.

— Ça doit te faire suer encore plus d'être dix-septième.

— Mets-en.

Les deux amis se taisent. Ils se comprennent sans se parler. Rater les Jeux du Québec alors qu'on est si près du but.

— As-tu son numéro de cell ?

— Oui, mais j'ai pas de téléphone. Tu connais mes parents avec leurs histoires…

— Tiens, prends le mien. Écris-lui. Je te promets de supprimer votre conversation après. Il est vingt et une heures. C'est sûr qu'elle dort pas.

Philippe saisit l'appareil, reconnaissant.

— Merci, Larry !

— Pas de quoi.

Ils arrivent au chalet et se préparent pour se coucher. Larry explique comment texter à Philippe, qui se trouve franchement épais. Il décide d'aller s'asseoir sur la galerie. Fébrile, il entre le numéro de Carol-Anne et entame sa conversation virtuelle.

> Salut ! C'est Phil. Larry m'a prêté son cell. Dors-tu ?

Il attend, les yeux rivés sur la bulle verte de son message. Aucune réponse. Cinq minutes passent. Philippe se décourage.

— *Câlique.*

Soudainement, trois petits points clignotent. Carol-Anne est en train de lui écrire. Le cœur de Philippe culbute.

Allô ! Je suis tellement contente ! ☺

Moi aussi. C'est le fun, là-bas ?

C'est vraiment le fun ! On souffre à l'entraînement, mais les filles sont super fines.

Nice.

J'arrête pas de parler de toi… tu sais… notre promenade… ☺

Oui, moi aussi.

Yé ! Penses-tu qu'on va se revoir quand je vais revenir ?

C'est sûr.

Parce que j'ai vraiment envie de recommencer…

Philippe frissonne à l'idée de la tenir dans ses bras encore une fois.

Moi aussi. J'ai la chair de poule juste à y penser.

Qu'est-ce qu'il vient de lui écrire ?

Wow ! ☺

Désolé.

Non. Sois pas désolé.

Philippe respire profondément. S'il ne se retenait pas, il courrait la rejoindre.

Phil, je dois y aller... Le couvre-feu commence dans dix minutes et je dois prendre ma douche.

Pas de problème.

C'est tellement une belle surprise !

Bonne nuit, Caro.

Bonne nuit, Phil. Je pense que je vais rêver à toi et au parc Chauveau. ☺

Moi aussi. Pour une dixième fois depuis notre balade.

Wow ! J'ai chaud !
Arrête les compliments !

OK. Bye.

Bye, mon beau Phil.

Bye, la belle Caro.

xxx (sur le bord d'une rivière)

xxx

Philippe éteint le téléphone et relève la tête. Le lac au clair de lune, les silhouettes sombres des montagnes, le clapotis de l'eau sur la rive : le spectacle lui coupe le souffle. Des centaines d'étoiles illuminent le ciel. Jamais il n'en a vu autant. Il s'étend sur la galerie et met ses mains derrière sa tête. La féerie de Pohénégamook l'enveloppe dans son manteau de merveilleux.

Son cœur navigue dans le ciel et Philippe murmure son souhait le plus cher à la lune.

— Faites que je sois des Jeux du Québec. Pour mon rêve, pour Carol-Anne.

17

JOHN NINKALA ET FABRICE GAUVIN

Le matin du départ de Pohénégamook, Philippe réalise avec tristesse qu'il s'agissait de sa dernière présence avec ses coéquipiers de la sélection. La semaine prochaine, seuls les seize premiers joueurs s'entraîneront ensemble en vue de la tournée de matchs préparatoires à Boston.

Il lance sa valise brusquement dans la soute à bagages. Son sac de couchage subit le même sort.

Maudit numéro 17 !

Deux doigts se posent timidement sur son épaule. Philippe se tourne. John Ninkala !

— Tu me veux quoi ? Tu me fixes depuis un mois !

—Je sais.

Sa voix, grave, rappelle à Philippe que le géant pourrait lui broyer les os.

— Sacre-moi une volée qu'on en finisse. Je serai plus dans vos jambes.

— Je ne te frapperai pas.

— QUOI, d'abord?

— Tu devrais être dans l'équipe.

— Hein? Pourquoi tu dis ça?

— Tu ne recules jamais. Tu ne connais pas la peur.

— Me semble, oui... Je passe mon temps à regarder au-dessus de mon épaule pour voir si les deux idiots me tendent pas un piège.

— Ils n'ont pas d'honneur.

— C'est vrai.

— J'aimerais mieux que tu sois avec nous.

La gentillesse de John désarçonne Philippe. Il ne comprend toujours pas son acharnement à son égard.

— T'es fin, John. Mais pourquoi tu me dis ça?

— À la maison, mon père nous enseigne, à mes sept frères et à moi, à reconnaître le courage et le respect chez un homme.

— D'accord…

— Continue à jouer comme tu le fais. Tu seras dans d'autres sélections.

Sur ces belles paroles, Ninkala tourne les talons et grimpe les marches de l'autobus pour aller s'asseoir, sans un regard de plus pour Philippe.

Le lendemain matin, Philippe se réveille à six heures quinze. Couché sur le dos, il écoute les branches de l'érable de la cour arrière cogner à sa fenêtre. Il vente fort. Il n'arrive pas à croire qu'il ratera le voyage à Boston, qu'il ne participera pas aux Jeux. Sa déception sème le doute quant à la poursuite de son rêve.

Est-ce que ça vaut la peine de continuer ? Devrais-je m'orienter vers un autre sport ? M'ouvrir à autre chose que le soccer ? Je suis en forme, la course peut-être ?

Il s'assoit. Ironiquement, un rayon de soleil perce les stores de sa chambre et se pose sur sa plaque dorée. Au loin, du fond de son âme, il entend des battements étouffés. Ses ancêtres. Il ferme les yeux, essaie de les rejoindre. Ils demeurent lointains. Présents, mais hors de portée. Les mots de Ninkala lui reviennent. « Tu ne recules jamais. »

Philippe se lève. Il a besoin de musique pour s'éclaircir les idées.

Il appuie sur *Play* et retourne s'asseoir au bout de son lit. Il a découvert cette chanson dans l'auto de Fabrice, peu de temps après la mise sur pied de son plan pour rêver éveillé.

Les violons.

♪ *You ready?*
Let's go!

Le rythme.

♪ *Yeah!*

L'appel.

♪ *For those of you that wanna know*
what we're all about

Philippe se retrouve, revient à ses racines. Le refrain le plus motivant du rap américain résonne dans sa chambre.

♪ *It's like this y'all (c'mon)*
This is ten percent luck
Twenty percent skill
Fifteen percent concentrated power of will
Five percent pleasure
Fifty percent pain
And a hundred percent reason to remember the name

Philippe se lève. Il ouvre sa commode et s'habille. Le groupe Fort Minor poursuit son rap. Philippe enfile son kangourou du FC Barcelone et sort de sa chambre. Il reste frustré, envieux, jaloux. C'est normal. Mais les paroles et la musique des rappeurs ont amplifié sa résilience. Il ne reculera pas.

Dans la cuisine, il boit un verre de jus d'orange et avale une banane en trois bouchées.

Une fois à l'extérieur, il traîne la vieille planche à rebond de son grand-père, prend son Brazuca et commence son entraînement. Il décide de laisser ses émotions prendre le dessus.

— Pas de respirations aujourd'hui.

Des passes, des tirs, des feintes. Philippe se défonce. La rage monte en lui.

— Drolet et Gagnon dans l'équipe ! Pas moi !

Il aperçoit son ballon de basket-ball. Il se jette dessus et enchaîne les tirs en foulée, les lancers de trois points.

— Le FC Barcelone ! Pff ! Maudit rêveur !

Il revient à sa planche, retourne au panier.

— *Câlique !*

Exténué, en sueur, il s'assoit sur l'asphalte. Le vent, aussi déchaîné que son esprit, lui rappelle la tempête qui sévit dans sa tête.

La voiture rouge de Fabrice apparaît au bout de la rue. Essoufflé, Philippe se lève, se passe nerveusement la main dans les cheveux et tente de se ressaisir. Son parrain descend de l'auto, la capuche de son kangourou du Phénix sur la tête ; il a des allures de boxeur. Il invite Philippe à s'installer sur le trottoir, près de lui.

— Ça va, la machine ? demande-t-il.

—Je… je… je sais pas.

Les émotions se bousculent en lui et il éclate en sanglots.

— Oh ! *All right*, c'est *all right*, la machine ! dit Fabrice en l'attrapant par l'épaule.

— Ça fait chier, vraiment chier ! s'écrie Philippe.

— Mets-en, Phil, mets-en.

— Les deux caves en plus !

— Je le sais, soupire-t-il.

Philippe se dégage de l'étreinte de son parrain.

— Excuse-moi, Fab.

— Ne t'excuse pas ! Les meilleurs athlètes pleurent de frustration, de déception, de rage ou de tristesse dans leur carrière. C'est très sain. Rappelle-toi les Argentins après leur défaite en Coupe du Monde.

Philippe regarde sa montre.

— Il est de bonne heure, dit-il, suspicieux.

— Marie-Lise m'a appelé dès que tu t'es levé.

— Écoute, Fab, je veux pas être plate, mais j'ai pas envie de parler de ça.

— Exactement !

— Hein ?

— J'ai autre chose à te proposer. J'ai loué un chalet au mont Sainte-Anne. On s'en va passer trois jours ensemble. Tes parents et les miens vont venir souper et dormir avec nous pour la troisième nuit. Un seul mot d'ordre : pas de soccer ! Ça te tente ?

— Vraiment ! dit Philippe, ravi. On va faire quoi ?

— De la randonnée, de la course dans les bois, du vélo de montagne. *Anything !* Je vais te montrer c'est quoi, un Haïtien élevé dans la neige. Un invincible !

18

DISPARAÎTRE

Au sommet du mont Sainte-Anne, la poitrine en feu, les jambes en compote, Philippe se sent bien. Son parrain et lui viennent de terminer leur ascension de la montagne au jogging.

Fabrice avait raison : il est imbattable !

Ce soir, ce sera leur dernière nuit. Ses parents et ses grands-parents les rejoindront en fin d'après-midi. Ils mangeront un repas sur le barbecue et joueront à des jeux de société, aux cartes ou au Tock. Ils finiront sûrement la soirée à chanter au son des guitares. Une soirée parfaite.

— Fatigué, la machine ?

— Ç'a pas de sens. As-tu un secret pour être en forme de même ? J'ai la gorge brûlante.

— L'entraînement et les hormones.

— Tu te dopes ?

— HA ! HA ! HA ! Non !

Le rire franc de Fabrice se réverbère sur les pierres de la montagne, puis se perd dans le paysage.

— Je suis un homme, la machine !

— Moi aussi !

— Oui, mais il te reste bien des pouces et des livres à prendre pour avoir les mêmes capacités qu'un adulte !

— Je comprends.

— Pour l'entraînement, aucune inquiétude pour toi, hein ?

Il lui lance une bouteille d'eau et une barre tendre.

— Non, en effet.

Ils s'assoient côte à côte.

— Ça te tente d'essayer encore ? lui demande son oncle.

— Oui.

Depuis leur arrivée, Fabrice initie son filleul à la méditation. Une technique simple pour calmer les tempêtes qui surgissent dans la vie.

— On continue les exercices de base, *all right*?

— Oui.

— Ralentis ta respiration.

— Voilà…

— Ferme les yeux. Bien. Maintenant, concentre-toi sur l'air qui entre et sort de tes poumons.

Philippe suit les conseils de son oncle, et ça fonctionne. Il se détend et les muscles de son corps se relâchent. Une pensée survient.

Boston, les joueurs partent pour les États-Unis demain.

Il se tend, puis ramène son attention sur sa respiration. Boston disparaît.

Carol-Anne.

Inspirer, expirer. La belle s'évapore.

Les deux imbéciles porteront le maillot du Dynamo, alors que je resterai à la maison.

Cette fois, il grimace, sa mâchoire et ses mains se crispent. Il se concentre et ralentit son rythme respiratoire. Le temps se suspend et Philippe s'immerge dans les eaux calmes de la méditation.

Sans trop savoir pourquoi, il remonte à la surface et rouvre les yeux.

— La machine !

— Combien de temps j'ai fait ?

— On s'en fout, maintenant, tu as réussi !

— Mais hier et avant-hier, tu calculais, non ?

— Oui, parce que je te connais, mon filleul compétitif.

— Je l'avoue, ça fait vraiment du bien.

— Je sais. Toi et moi, on est semblables sur un point : la tête nous tourne sans arrêt, hein ?

— Mets-en.

— Pour du monde comme nous, la méditation, ça calme le pompon.

— Je comprends, merci, Fab.

— Pas de trouble. Hormis notre bronzage, on partage pas mal d'affaires, la machine. Je suis content que tu aies accepté mon invitation à venir ici.

— Moi aussi.

Devant l'horizon et les montagnes blotties les unes contre les autres, Philippe vide son esprit encore et ça lui fait un bien fou !

Dans la voiture, Philippe s'endort immédiatement après le départ du mont Sainte-Anne et ne se réveille qu'à l'arrivée à la maison. La veille, il s'est couché tard. Il a joué, chanté et discuté. Il a même pris sa première coupe de vin. Pas beaucoup, car sa mère et sa grand-mère ont manifesté leur désaccord, mais les hommes l'ont emporté.

— Bah ! Il vaut mieux qu'il commence avec nous qu'en compagnie de voyous ! a dit son grand-père Léonard en lui en versant une petite quantité.

Philippe n'a pas aimé. Trop fort, trop acide. Mais, sous les conseils de son père, il a terminé sa coupe à petites gorgées.

Encore assommé par sa sieste, il allume la télévision et tombe sur un match de l'Impact. Il le regarde sans analyser les joueurs ni leurs mouvements, juste pour le plaisir. Ses pensées errent des Jeux du Québec à son prochain baiser avec Carol-Anne, sans déclencher quelque frustration que ce soit. Lentement, il accepte son sort.

Deux semaines de pleine liberté l'attendent. Même chose pour Larry. Il prend le téléphone sans fil et compose le numéro des Sarrasin.

— Salut, c'est Larry ou Patrick ?

— Ça dépend si j'ai gagné de l'argent ou pas.

— Salut, Pat ! Passe-moi ton frère !

— Un moment, je te prie. Oui, allô.

— Pat, je sais que c'est encore toi.

— T'es fort, Phil. C'est pour ça que tu *frenches* avec la belle Carol-Anne pendant que, moi, j'ai la sale tête de Larry vingt-quatre heures sur vingt-quatre dans ma face.

— C'est ton jumeau !

— Bon, je te le passe, monsieur trop brillant.

— Salut, ça va ?

— Oui, toi ?

— Oui. Écoute, Larry, vu que l'équipe part à Boston demain, on pourrait aller au Village Vacances Valcartier, qu'est-ce que t'en dis ?

— D'accord.

— Parfait. Mes parents vont sûrement nous y amener. Je passe te prendre vers neuf heures quinze.

— Très bien.

— Je te laisse, Piatti vient de marquer un méchant but. Quelle frappe ! Trop fort.

— Quel poste ?

— Six cent vingt-trois. À demain.

— Phil ! Attends !

— Oui ?

— Merci.

Philippe sait à quel point ce sera dur pour Larry aussi.

— Pas de quoi.

Philippe repasse la scène du but de Piatti encore et encore.

Jackson-Hamel lui a servi une solide passe aussi !

Deux semaines de liberté ! Tout est possible.

Voir un match de l'Impact au stade Saputo. Le concert de Stromae au Centre Vidéotron ! Le cinéma, la pêche, une randonnée en vélo, le Vieux-Québec ! Le lac Saint-Joseph ! J'ai hâte d'en parler avec Larry. Fabrice aura sûrement aussi quelque chose à nous proposer. Je verrai pas Boston, ni Gaspé, mais le soccer s'envole pas pour autant !

Vraiment, Philippe se sent mieux.

« *Life goes on*, la vie continue », comme dit son père.

— Philippe, viens dehors, s'il te plaît, lui lance sa mère à travers la moustiquaire de la porte.

— J'arrive. Justement, je dois vous demander quelque chose.

Il rejoint ses parents sur la galerie inondée de soleil.

— J'ai pensé à ça, dit-il, enthousiaste. C'est correct que j'y aille pas finalement. Je vais pouvoir faire plein d'autres choses que du soccer. Demain, Larry et moi, on irait aux glissades d'eau à Valcartier. Pouvez-vous nous y conduire ?

— Phil, *you need to relax*, on veut te montrer…

Il interrompt son père.

— Y a aussi l'Impact, ce serait vraiment le *fun* d'aller voir un match à Montréal. Larry nous accompagnerait.

— Philippe, dit Marie-Lise, écoute-nous deux minutes. C'est vraiment super que tu sois passé à autre chose, mais…

— Stromae aussi ! Au Centre Vidéotron ! Comme cadeau de fête.

— PHIL ! *DAMN!* Regarde le iPad, *for God's sake* !

Philippe redescend sur terre et ce qu'il lit lui apparaît irréel.

À : familledunngauvin@videobell.ca
De : ffischer@arsq.qc.ca
Cc : dt@arsq.qc.ca

Objet : Rappel

Bonjour Philippe,

Yann Larue, de la Haute-Saint-Charles, s'est cassé le bras hier soir en vélo de montagne. Nous sommes tristes pour lui. Par contre, cela signifie que tu intègres l'équipe maintenant. Tu le mérites pleinement et je reste persuadé que tes camarades le pensent aussi.

Je te demande de me téléphoner ou de m'écrire pour me confirmer ta présence.

Nous partons pour Boston demain, à 8 heures, du stade Chauveau.

Bienvenue à bord et félicitations pour ta persévérance !

Ci-joint un itinéraire de voyage, les détails des frais pour tes parents et un aide-mémoire pour les bagages.

Franck Fischer
Entraîneur-chef
Sélection régionale masculine
ARSQ

Philippe ne sait pas comment réagir. Il pense à Larry, plus seul que jamais. En même temps, il ne peut pas refuser.

Son rêve éveillé reprend et les tambours de *Scotland the Brave* résonnent dans son cœur.

19

S'ENTRAÎNER À BOSTON

Dans l'autobus le menant à Boston, Philippe pense encore à Larry, qui a eu la gentillesse de le féliciter ce matin. Patrick portait des verres fumés et n'a pas parlé de la première heure du voyage. Jérémie et Tommy non plus. Les cinq mousquetaires de Henry, le gardien du stade Chauveau, ne sont plus que quatre et il leur a fallu près de deux heures pour retrouver leur enthousiasme.

— Désolé d'interrompre votre divertissement, les gars, dit M. Fischer. Nous arriverons dans une heure. Le chauffeur nous laissera au Boston Public Garden. Nous nous y promènerons pour nous dégourdir. Ensuite, séance de préparation physique avec Guillaume. Vous découvrirez ce magnifique endroit en courant.

— *Nice!* dit Boubacar, la fusée de Québec-Centre.

— Effectivement, Bouba, répond l'entraîneur. Nous tiendrons une réunion d'équipe en mangeant dans le parc. Vous devez donc vous changer immédiatement. Enfilez votre tenue blanche, vos espadrilles et pensez à apporter votre lunch et votre gourde. Allez, hop !

Les joueurs s'exécutent.

Non ! J'ai laissé mon sac sous l'autobus ! Maudit cerveau !

Philippe se cale dans son siège et espère que personne ne le remarquera. Dès leur arrivée à Boston, il tentera de récupérer son sac incognito.

Câlique ! M. Fischer a été clair sur l'importance de suivre les consignes pour contribuer à la qualité de vie du groupe.

— Monsieur Fischer, dit une voix provenant de l'arrière.

— Oui, Alex ?

Drolet !

—Je pense que Philippe a pas compris la consigne.

Le salaud !

— Tu ne te changes pas, Phil ? demande l'entraîneur.

Mal à l'aise, Philippe rougit. Il en veut à mort à Drolet.

—J'ai... oublié mon sac en dessous de l'autobus.

De joyeux criquet, Franck Fischer devient un insecte contrarié.

— Bon... Je passe l'éponge, mais assure-toi d'éviter les distractions pour le reste du voyage, d'accord ? On a un horaire très précis.

— Oui, se contente-t-il de répondre.

— Quel rapace ! éructe Tommy.

— Maudit sourire fendant en plus, ajoute Patrick.

— C'est pas grave, Phil, dit Jérémie.

Mais Philippe s'inquiète. En concurrence directe pour du temps de jeu avec lui, Drolet ne négligera aucun détail pour lui nuire. En plus de gérer son attention afin de ne rien oublier, Philippe devra surveiller ses arrières.

Quand Larry l'accompagnait, il n'avait pas à s'inquiéter, puisque le jumeau lui rappelait sans cesse les consignes. À peine cinq heures sans son ami et le cerveau de Philippe galope déjà.

Heureusement, l'entraînement au Boston Public Garden est magique. Séance d'étirements dynamiques sur le pont traversant le lac ; *toros* dans les vastes espaces verts ; travail par intervalles dans les sentiers autour du plan d'eau.

Quand M. Fischer leur accorde trente minutes de temps libre, après le dîner, les joueurs détalent aux quatre coins du parc.

La demi-heure s'écoule en un clin d'œil et Philippe quitte à regret le Boston Public Garden. Il aurait aimé se balader main dans la main avec Carol-Anne dans ce lieu enchanteur.

Dans l'autobus, chacun se jette sur son cellulaire pour publier les photos prises durant la pause.

— Direction Harvard, les gars !

— Wow ! se réjouit Tommy.

— Harvard ? répète Patrick.

— La meilleure université du monde, je pense, répond Heikel.

Les lieux donnent envie d'étudier. L'équilibre entre la nature et l'architecture des édifices en pierre rouge freinerait le galop du cerveau de Philippe s'il fréquentait une école comme celle-là. Il n'arrive pas à écouter le guide touristique lui parler des trois mensonges d'une vieille statue tellement il se perd dans des rêves de vie universitaire américaine. Comme dans les films… Un peu plus tard, le guide accorde une faveur au groupe. Il ouvre les portes de la salle à manger du Annenberg Hall. Le souffle coupé, Philippe peine à contenir son admiration.

— C'est comme dans *Harry Potter*, à Poudlard, dit-il à Patrick. Ç'a pas de sens…

— Mets-en. On fait pitié avec notre cafétéria beige, éclairée aux néons, lui répond le jumeau.

20

TEMPS DE JEU ET NUIT COUPÉS

Philippe regarde les minutes s'écouler au tableau indicateur. Leur premier match d'une série de deux contre le FC Boston U14 se déroule difficilement. Le pointage de 0 à 0 ne reflète en rien la partie endiablée qui se joue. Les Américains bousculent sans cesse les Québécois, qui tentent de pratiquer un soccer plus technique, de possession de ballon. Rapides, puissants, les joueurs du FC Boston contre-attaquent à la vitesse de Ronaldo. Tommy et John, en défense centrale, peinent à contenir les assauts répétés. David, le gardien, joue très haut sur le terrain pour couper la profondeur.

Les meilleures occasions de Québec ont sorti des pieds d'Heikel et de Drolet.

Soixante minutes ont passé. Philippe s'inquiète. Tout le monde a joué, sauf lui.

— Philippe, échauffe-toi, lui crie Guillaume, l'entraîneur adjoint.

Enfin ! Il reste juste quinze minutes au match.

Il entre et prend la place de Drolet. Les autres joueurs de son équipe l'encouragent.

— *Let's go, Phil !*

Sur le terrain, il lit la souffrance sur le visage de ses camarades. Ça ne sera pas facile.

Les quinze minutes s'écoulent rapidement. Philippe passe son temps à se replacer défensivement et ne touche le ballon que trois fois. Les Américains, en meilleure condition physique, ne relâchent pas la pression et le sifflet de la fin du match sonne la délivrance pour Québec. Les pires quinze minutes de soccer de Philippe. Il est exténué, comme le reste de l'équipe.

Deuxième match, même scénario, même résultat. Philippe lance son sac sous l'autobus et s'assoit, en colère.

Trente minutes de temps de jeu en deux matchs !

La visite de l'aquarium et du Quincy Market ne le calme pas. De retour à l'hôtel pour une dernière nuit, Philippe est convoqué par son entraîneur.

— Bonjour, Philippe, dit M. Fischer. Tu peux t'asseoir sur le lit de Guillaume.

— OK.

— Tu vas bien ?

— Oui, ment le joueur.

— Je ne crois pas.

— Bon…

— Philippe, je vais te donner un conseil.

— OK.

— Ne sois pas une distraction pour tes camarades.

— Quoi ?

Il s'énerve. M. Fischer fronce les sourcils.

— Quand on joue dans une équipe, on ne doit pas déconcentrer ses coéquipiers. Je sais que tu es mécontent de ton temps de jeu, ça se voit. Je ne te ferai aucune promesse là-dessus pour les Jeux du Québec.

— OK.

— Quand les joueurs voient qu'un de leurs copains se fait du souci, ils font moins bonne figure. Tu comprends ?

— OK.

— Merci, bonne soirée, Phil.

— Bye.

Philippe ferme la porte en murmurant.

— Et moi, on s'en sacre ?

Philippe se réveille en sursaut. John Ninkala, son cochambreur, lui secoue l'épaule.

— Aaah ! Qu'est-ce que tu fais, John ? s'exclame Philippe, effrayé.

— Chut ! Viens et écoute.

— Quoi ?

— Viens.

Le géant africain l'aide à se lever et le guide vers la porte de leur chambre. John y plaque son oreille et invite Philippe à l'imiter. Ils entendent des murmures. Philippe met du temps, mais finit par comprendre. Drolet et Gagnon se promènent dans le corridor, à trois heures quinze du matin.

D'un geste, il demande à John ce qu'ils font. D'un haussement d'épaules, Ninkala indique qu'il l'ignore. Drolet et Gagnon s'arrêtent près de leur chambre, comme s'ils voulaient donner des réponses à Philippe et à son ami.

—Je vais y apprendre, à ce grand niaiseux de *coach*, à me remplacer par la moumoune à Dunn-Gauvin... Il peut bien passer son temps dans les jupes de Ninkala et de Tommy.

— Sérieux, Alex, le *coach*? Tu penses pas que tu exagères ?

— Coudonc, toi, t'es rendu du bord à Dunn ?

— Pantoute, c'est juste que si on se fait pogner, on est dehors, c'est sûr.

— Es-tu malade ? Mon père a payé le voyage à Pohénégamook avec sa commandite.

— Ouin...

— Bon, sors le pot de pisse.

Silence.

— Sors la pisse, Gagnon ! Rappelle-toi, on en met pas trop. Juste assez pour qu'il comprenne pas pourquoi ses souliers sentent la charogne.

— Ouin, je suis pas sûr. Il est correct, le *coach*.

— Si y'était si fin que ça, Dunn serait pas ici à me voler du temps de jeu.

Des pas pressés s'éloignent. John et Philippe entendent Drolet rire et ajouter :

— De la pisse dans les souliers. Ça va y apprendre, à l'échalote à Fischer.

John et Philippe retournent à leurs lits.

L'Africain semble furieux. Il se couche. Philippe aussi.

— Ils n'ont pas d'honneur.

La voix grave du géant résonne dans la chambre comme celle d'un juge prononçant un verdict. Philippe craint la sentence qui suivra et le rôle de témoin qu'il devra y jouer.

Il se couche et dort mal, très mal.

21

LES JEUX DU QUÉBEC

Dernier entraînement avant le départ pour Gaspé. Philippe est en feu. Qu'il joue en défense latérale ou comme ailier, il réussit tout ce qu'il entreprend : qualité de passe, de premier contrôle, de centre. Des deux pieds ! Sa technique lui permet des frappes sèches, vives. Tout le monde s'amuse, excité par le départ imminent vers leur plus grande compétition à vie : les Jeux du Québec. Seul John Ninkala a la mine sombre.

Philippe sait pourquoi.

L'équipe termine son dernier entraînement par une opposition à quatre contre quatre. Dès le premier ballon, Ninkala tacle violemment Drolet, qui s'écroule au sol en hurlant. Gagnon se précipite à son secours, mais ne s'en prend pas à John.

Personne n'ose s'opposer au géant africain.

Le parcours Québec-Gaspé en autocar, aussi luxueux soit-il, force les équipes de soccer féminine et masculine à puiser dans leurs réserves de patience. Sur les quarante-six passagers, quatre ont vomi et huit autres blêmissent à vue d'œil.

Les côtes et les courbes du fameux chemin de la mine reliant Gaspé à L'Anse-Pleureuse sont sans pitié pour les malheureux souffrant du mal des transports. Heureusement, Philippe s'en sort indemne. La seule idée de tenir Carol-Anne dans ses bras pulvérise ses nausées.

Même s'il ignore le temps de jeu que son entraîneur lui réservera, Philippe choisit de se concentrer et de saisir la moindre chance qui se présentera. Il est hors de question de se laisser abattre. Pas ici, dans son rêve éveillé et si près de Carol-Anne.

Gaspé séduit Philippe au premier coup d'œil. Au creux des montagnes et caressée par les vagues de la baie, la ville offre un paysage de cinéma.

Le pont, décoré des drapeaux régionaux du Québec, relie les deux rives de la baie de Gaspé, dont les eaux sont envahies par les embarcations des compétitions de voile. Des autobus sillonnent la petite ville. Des athlètes, vêtus aux couleurs de leur région, marchent sur les trottoirs et saluent l'autobus de Philippe au passage. Le garçon cherche Carol-Anne dans la foule. En vain…

L'autobus s'immobilise devant l'aréna.

— On débarque, les gars ! lance M. Fischer en dépliant ses pattes de sauterelle. Petite marche de vingt minutes dans les alentours et on revient pour l'accréditation.

Philippe et ses amis descendent du véhicule et remontent la rue vers le cégep, où ils découvrent le pavillon des Sports, lieu des compétitions de badminton, de natation et de baseball. Ils s'appuient sur la clôture du champ droit pour suivre le match.

— Le monde crie comme à Old Trafford, dit Tommy.

— As-tu vu le nombre de personnes dans les estrades ? ajoute Charles.

— Il y a des drapeaux partout ! Les spectateurs chantent comme des fous ! observe Patrick.

— Ça va être malade de jouer dans cette ambiance-là ! s'écrie Heikel.

Philippe ne partage pas l'enthousiasme de ses coéquipiers.

Si je me fie à Boston, je ferais mieux de me trouver des pompons, pour jouer les meneuses de claques !

Leur inscription terminée, les joueurs se rendent à la polyvalente C.-E.-Pouliot, où ils seront hébergés. Les membres du comité organisateur les accueillent avec bonne humeur et les conduisent jusqu'à leur classe. Alors qu'il circule dans les corridors, Philippe cherche le local de l'équipe féminine de volleyball de Québec.

— C'est votre salle, dit un joyeux bénévole.

— Il ressemble à un lutin, chuchote Patrick.

— Les salles de classe seront fermées entre neuf heures et seize heures. Vous devez toujours avoir votre carte d'accréditation dans le cou, poursuit-il. Sans elle, on ne vous laissera pas passer.

— Voir qu'on pourra pas dormir, le nargue Drolet.

— Non, on va te laisser te coucher, mais pas avant que tu aies marché jusqu'à l'aréna pour valider ton accréditation, répond-il à Drolet. Voilà, vous y êtes. Bonne journée.

— Préparez vos lits, les gars, ordonne M. Fischer. Ensuite, on ira visiter les terrains de soccer. Alex Drolet, viens me voir une minute.

Commence alors la valse joyeuse des matelas qu'on gonfle et des sacs de couchage qu'on déroule. Les joueurs s'empressent de choisir des endroits près des prises électriques, pour charger leurs appareils. Philippe tourne les yeux dans le vide et suit ses amis. Il s'installe entre Jérémie et John. Patrick, Heikel, Tommy et Charles suivent.

— C'est bon, ça y est ? Allez, sur le terrain.

— Phil, ton accréditation, sur ton oreiller, lui chuchote à l'oreille Guillaume, l'entraîneur adjoint.

Philippe pâlit.

Mon cerveau galope déjà ! Les Jeux du Québec stimulent trop intensément mon cortex. Je dois me calmer. Ce soir, avant de dormir, méditation comme au mont Sainte-Anne !

La première division, celle dans laquelle évolue l'équipe de la région de Québec, jouera ses matchs de groupe derrière la polyvalente. En gazon naturel, les terrains ressemblent à des tables de billard, et le panorama qu'ils offrent est exceptionnel. Le premier terrain se trouve au pied d'une falaise anthracite et le deuxième, au sommet. Les deux donnent sur la baie de Gaspé et ses berges sablonneuses.

— Très bien, les gars, allez découvrir les terrains. Embrassez le paysage, regardez-le jusqu'à vous en fatiguer. Comme ça, demain, pour le premier match contre la région des Laurentides, vous vous concentrerez sur la partie.

— C'est beau en maudit, dit Charles.

— Vraiment, dit Patrick.

— Je suis content d'être venu avant la partie, dit Heikel.

— Le terrain est incroyable. On dirait les buts de la Coupe du Monde !

Philippe ne parle pas. Dans sa tête, il n'aura que des miettes de temps de jeu.

— Au fait, demande le jumeau de Larry, Carol-Anne sait-elle que tu es ici ?

— Hooo ! s'emballe Tommy

— *Lover boy !* ajoute Charles.

— Commencez pas, les gars.

— Il va la surprendre ! Phil, tu es notre maître, dit Patrick en s'agenouillant.

— Relaxez, je sais même pas où elle est.

— J'espère que tu comptes pas te pointer sans la prévenir ? dit Jérémie.

— Il a raison, Phil, approuve Tommy. Si tu fais ça, tu vas la déconcentrer, monsieur j'embrasse-dans-les-bois.

— On verra, on verra, dit Philippe pour couper court à la discussion.

Il a un plan.

Leur première nuit se déroule bien. Patrick jure sur son honneur que Tommy a pété la nuit entière, que Charles ronfle comme un tracteur et qu'Heikel récite des prières en arabe dans son sommeil.

— J'oubliais ! Philippe passe son temps à serrer Caro dans le vide.

— Ferme-la donc, Pat, réplique Phil, allongé sur son lit.

— Vos cartes, les gars, on va manger, dit Guillaume en entrant dans la salle de classe.

Philippe accueille la nouvelle avec joie. Affamé, il s'empresse de plonger la main dans son sac pour récupérer son accréditation. Elle n'est pas là.

Bizarre.

Il vide son sac. Rien.

Voyons, je l'ai mise là tantôt !

L'équipe a un horaire chargé cet avant-midi puisque leur match est à treize heures. Il soulève son matelas, regarde dans son sac de couchage.

Je l'ai perdue. Les coachs *vont m'assassiner !*

— Phil, tu viens ? demande Guillaume. Le groupe est prêt.

Non, non, non !

—Je… je trouve pas mon accréditation, avoue-t-il, honteux.

— Quoi ? On n'a pas le temps de niaiser aujourd'hui. Tu viendras nous rejoindre dès que tu peux. On y va, les gars.

Le groupe quitte la classe. Avant de partir, Drolet feint d'être désolé avant de lui envoyer un baiser soufflé.

22

MATCH Nº 1 : QUÉBEC CONTRE LAURENTIDES

Philippe a tout raté : le premier déjeuner à la cafétéria des Jeux, la réunion tactique et l'ambiance des préparatifs. Au lieu de vivre ces expériences avec ses coéquipiers, il a déjeuné seul et a attendu deux heures pour obtenir une nouvelle accréditation. Pire, il est entré dans le vestiaire en plein discours de M. Fischer, moins d'une heure avant le match.

Drolet… Je suis persuadé que c'est lui, le voleur, et il a bien réussi son coup !

Assis au bout du banc, Philippe peine à contenir sa fébrilité. Le match se déroule à un train d'enfer. L'équipe des Laurentides ressemble à celle de Québec : rapide, technique, privilégiant la passe. Les spectateurs assistent à une démonstration de maîtrise technique collective assez surprenante.

Endiablée, la foule se compose d'athlètes des autres sports, de parents et de résidants de la ville. Les partisans de la région des Laurentides soufflent dans de longues trompettes et agitent des crécelles. Du côté de Québec, les supporters agitent des contenants de lave-vitre remplis de cailloux et chantent le fameux « Olé, olé, olé » qui résonne dans l'ensemble des stades du monde.

Le score est de 1 à 1. Boubacar, la fusée de Québec-Centre, a marqué un but incroyable en première mi-temps. La réplique des Laurentides n'a pas tardé.

Il reste cinq minutes à faire.

Bon... je jouerai pas. Ben l'fun!

Patrick, Tommy et Jérémie se défoncent sur le terrain. Il les envie. Mais le pire, c'est que Drolet a joué le match en entier.

Il peine à le croire. Drolet a uriné dans les souliers que porte M. Fischer. Il a sûrement volé son accréditation, ce qui a valu à Philippe les remontrances de l'entraîneur lorsqu'il a rejoint le groupe au vestiaire, en retard.

Grâce à son flair, Jérémie coupe une passe du défenseur central et remet le ballon à Boubacar sur le flanc droit. Ce dernier fonce comme une balle de fusil, déborde la défensive adverse et monte au filet. Au dernier moment, il glisse le ballon en retrait pour Patrick, qui ne rate pas sa chance de marquer. Québec et ses partisans explosent de joie.

Survient alors un geste auquel Philippe ne s'attendait pas. Patrick court vers le banc et pointe le doigt en sa direction. Il lui saute dans les bras et les deux amis croulent sous le poids du reste de l'équipe, euphorique.

Dans le brouhaha des corps empilés, Philippe entend Patrick lui dire :

— Pour toi et Larry !

Le match se termine quelques minutes plus tard sur une victoire de Québec, 2 à 1.

— Philippe, je peux te voir un moment dans le corridor, s'il te plaît ? lui demande son entraîneur.

Aaah ! Pas encore des reproches !

Franck Fischer sort de la classe dans laquelle les joueurs, étendus sur leurs matelas, se calment pour redescendre sur terre après leur superbe victoire face à la région des Laurentides. Philippe le suit. Juste avant de sortir, il croise l'intense regard de John Ninkala.

— Ça va, Phil ? demande son entraîneur.

— Oui.

— Déçu de ne pas avoir joué ?

Philippe hésite. Il se rappelle la discussion avec M. Fischer à Boston.

— Oui, mais je le montre pas aux gars.

— Je sais, soupire l'entraîneur en se frottant le front. Je sais… Philippe, je pense que tu me caches des choses au sujet de Drolet et de Gagnon.

Ninkala a parlé pour les souliers !

— Hein ?

— Je ne sais pas quoi, mais mon instinct me dit que tu en portes beaucoup sur tes épaules.

Ouf !

Philippe se détend. M. Fischer ignore tout. Philippe ne veut pas protéger les deux crétins, mais il pense au bien de l'équipe en premier. Et une dénonciation en pleine compétition n'aiderait personne.

— En près de vingt ans d'expérience, poursuit Fischer, c'est la première fois que je voyais une aussi belle preuve de soutien pour un joueur sur le banc.

— Il y avait juste Patrick. Les autres ont suivi.

— Ce n'est pas ce qu'ils m'ont dit après le match.

— Quoi ?

— Les joueurs ont discuté à la mi-temps. Ils ont convenu que, s'ils marquaient, ils courraient te voir, pour te soutenir.

— Ouin ? répond-il, subjugué.

— Pas bavard, monsieur Dunn-Gauvin. Très bien. Tu joueras demain, contre Laval. Combien de temps, je ne sais pas, mais tu vas goûter au terrain. J'ai sous-estimé ton leadership dans cette équipe. Je ne commettrai pas la même erreur deux fois. Allez, on va manger maintenant. Rendez-vous en bas, dans le hall principal, dans dix minutes.

— Merci.

— Ne me remercie pas. Essaie juste de ne plus laisser ton accréditation sans surveillance.

Franck Fischer lui donne une tape amicale sur l'épaule et se dirige vers les escaliers menant au hall d'entrée.

Yaaah!

Le reste de la soirée déboule. Après le souper, l'équipe assiste à un match de basket-ball masculin, puis M. Fischer les emmène faire une promenade près de la baie. Ils tiennent leur réunion d'équipe sur le terrain de soccer, en haut de la falaise, sous une lune blanche et ronde.

On leur apprend que l'alignement de départ sera le même qu'aujourd'hui, que Laval pratique un jeu robuste et compte un attaquant incroyable.

Philippe ne commencera pas la partie, mais il sait qu'il jouera. M. Fischer le lui a promis.

Après le match, ils pourront découvrir la ville et le salon des jeux comme bon leur semble.

— Sûr qu'on va au salon, lui dit Patrick. C'est malade. Des tables de baby-foot, de ping-pong, de billard, de hockey. Des arcades, des PS4, des

Xbox, des Nintendo Switch sur grand écran. Des filles, plein d'affaires ! Peut-être même Caro !

Le rêve éveillé de Philippe prend du mieux.

23

MATCH N° 2 : QUÉBEC CONTRE LAVAL

— Philippe, réchauffe-toi !

D'un bond, le garçon rejoint Guillaume.

— Phil, tu rentres pour Drolet, poste pour poste. Ailier gauche.

Nerveux, Philippe s'échauffe et observe le match. Costauds, les joueurs de Laval n'hésitent pas un seul instant à démolir ses coéquipiers, soulevant la colère des partisans de Québec.

— Un match pour hommes, hein, Phil ? Dans deux minutes, ce sera ton tour. Profite !

Philippe avale sa salive de travers alors qu'il se dirige vers le centre. Il ferme les yeux et cherche ses ancêtres.

Au moment où le quatrième officiel affiche son numéro et celui de Drolet pour indiquer la substitution, il se souvient des paroles de Fabrice.

Il faut avoir peur, la machine. Mais pas trop. Juste assez pour te rappeler que tu es courageux!

Soulagé, il tend la main à Drolet, qui place les siennes sur sa tête pour éviter le contact.

— Va te faire foutre, Dunn.

Encore une fois, l'attitude de Drolet atteint Philippe. Il secoue la tête, mais dès que son pied droit franchit la ligne de côté, Philippe frissonne de plaisir.

Je joue aux Jeux du Québec!

Dès les premiers ballons, Philippe comprend qu'il a mis les pieds dans une vraie guerre de tranchées: les joueurs de Laval cognent fort.

Malgré tout, il exécute de belles phases de jeu avec Jérémie, Heikel et Gagnon. Philippe permute à merveille avec le vautour et leur complicité étourdit la défense lavalloise.

L'égalité 0 à 0 perdure. Philippe reçoit le ballon de Gagnon sur le flanc gauche.

— ATTENTION, PHIL! hurle Tommy.

D'un rapide coup d'œil, Philippe voit Angelo, un tank italien, foncer sur lui. Son adversaire se jette au sol pour le tacler. Au dernier moment, Philippe plante la pointe de son pied sous le ballon, qui passe au-dessus de l'Italien, et pivote sur lui-même. Il efface littéralement son assaillant et poursuit sa montée. Alors qu'il lève la tête, un autre défenseur de Laval lui rentre dedans, comme un joueur de football. Projeté au sol, Philippe se relève comme un ressort.

— T'es malade, toi ? crie-t-il en avançant vers lui.

Le défenseur ne recule pas d'une semelle.

— Tu te crois où, Messi, pour faire passer mes joueurs pour des cônes ? reprend l'Italien.

Philippe n'arrêtera pas, quitte à lui parler à deux pouces du visage.

J'suis écœuré de me faire intimider.

Rapidement, ils sont rejoints par les joueurs des deux équipes et une échauffourée éclate. Philippe n'a pas peur.

— Maudit peureux, frapper dans l'angle mort ! crie Tommy.

— T'es pas capable de le suivre, il faut que tu le cognes, hein ? Lâche les pâtes, l'Italien, peut-être que tu vas maigrir ? dit Gagnon en affichant un sourire arrogant.

— Quoi ? Qu'est-ce que t'as dit, le grand pas beau de Québécois ? lui répond le joueur de Laval.

— Mange moins de spag !

Cette fois, la bagarre éclate entre les deux. Les arbitres arrivent juste au bon moment pour les séparer, distribuer deux cartons rouges aux belligérants et siffler la fin du match.

— Séance de pénalité, dit l'arbitre alors que les joueurs retraitent vers leur banc respectif.

Philippe questionne Heikel.

— Comment ça, des pénos ?

— Pour le bris d'égalité. Si jamais on est égaux au classement après le troisième match, ça va nous départager.

Québec remporte la fusillade grâce à un arrêt de David, le grand gardien. Philippe ne tire pas.

Dans le vestiaire règne une ambiance de fête. Avec le bris d'égalité en leur faveur, ils sont assurés de terminer premiers ou deuxièmes du groupe. Ce qui signifie qu'ils joueront pour la ronde des médailles. Le match du surlendemain, contre la puissante équipe de Lac-Saint-Louis, sera décisif. Une victoire et Québec jouera pour l'or. Un match nul ou une défaite, le bronze.

Plus que jamais, le groupe s'unit. Philippe le sent.

Il se dirige vers les douches et se retrouve nez à nez avec Drolet et Gagnon. Le vautour poursuit sa route, mais l'autre ne bouge pas d'un poil. Seuls devant les cabines, Drolet et Philippe restent face à face.

Nerveux, Philippe ne sait pas à quoi s'attendre.

J'ai peur, mais je recule plus. Il va faire quoi? Me frapper? Me pousser? Me cracher au visage?

Drolet brise la glace.

— Je t'ai dit de te tasser de mes jambes, Dunn.

— Calme-toi, je m'en vais juste prendre ma douche.

— Tu comprends pas. Les dépisteurs de la sélection du Québec et de l'Académie de l'Impact nous observent dans les estrades. Débarrasse le plancher. Je veux plus te voir sur le terrain.

Philippe se tient sur ses gardes.

— Tu joues trois fois plus que moi. Relaxe.

La bouche de Philippe s'assèche.

— Je m'en sacre, tu m'énerves avec ton attitude de coéquipier parfait.

Philippe contre-attaque.

— Une trêve, pour la durée du tournoi ?

Il tend la main à Drolet, qui réfléchit. Contre toute attente, son rival la lui serre.

Enfin, cette histoire de fou prend fin.

— Je suis content, il était temps parce que…

Soudain, les traits de Drolet se tordent. Avant que Philippe puisse réagir, son assaillant sort un cadenas de sa serviette et le lance sur son pied. La douleur irradie dans son gros orteil droit.

— T'es un maudit malade !

—J'espère que t'as compris le message, Dunn ?

Drolet quitte les douches et regagne le vestiaire, laissant Philippe, assis sur le carrelage mouillé, à moitié nu, l'orteil en feu.

— Ayoye !

Philippe n'en peut plus. Chaque fois que son sort s'améliore, Drolet pollue sa vie.

Le dénoncer, hors de question. C'est sa parole contre celle d'Alex. Il manque de preuves, de témoins.

Le FC Barcelone s'éloigne et laisse Philippe seul, à Gaspé, l'orteil enflé. L'adolescent cherche ses ancêtres et ne les trouve pas. Où donc se terre le son de leur hymne guerrier ?

Un grincement de porte se fait entendre. Philippe lève la tête et aperçoit Gagnon sortir d'une douche. Le vautour s'approche. Avec son visage émacié et pâle et ses cheveux collés sur ses joues, il ressemble à la Mort.

— Bon, tu viens t'assurer que mon orteil est pété, Gagnon ?

— C'est fini, dit-il.

Ces paroles sonnent le glas de l'espoir de Philippe, qui ferme les paupières de découragement.

— Ouvre les yeux, Dunn.

Philippe s'exécute et voit Gagnon lui offrir son aide pour le relever. Abasourdi, il ne bouge pas.

— Donne-moi la main, Phil.

Philippe obéit.

— J'en ai plein mon casque de Drolet. Je veux gagner l'or, pas me faire dépister. Prends ta douche et va voir la physio. Je m'occupe du reste. Promets-moi juste que tu diras pas un mot à personne avant la fin du tournoi, OK ?

— Euh… oui.

— Parfait. En passant, je regrette pas mon carton rouge.

24

HÔPITAL ET JOUR DE CONGÉ

Alors qu'il attend les résultats de la radiographie de son gros orteil, Philippe repense à Gagnon. Il sourit. Drolet, la pire vipère qu'il connaisse, a perdu ses crocs. Gagnon, son homme de main, lui a tourné le dos.

Le médecin entre dans le bureau et Guillaume, qui somnolait sur une chaise, se réveille en sursaut.

— Pas de fracture, Philippe. Une bonne contusion, par contre, dit le docteur.

— Je peux jouer ?

— Oui, mais tu dois mettre de la glace.

— Bonne nouvelle ! dit Guillaume.

— Mais je demeure perplexe, dit le médecin. Tu as échappé ton cadenas sur ton orteil ?

— Oui, ment-il.

— Eh bien, il est tombé de haut, ce cadenas. Bonne chance pour tes Jeux !

Le médecin sort et Philippe soupire de soulagement.

— On y va, dit Guillaume en bâillant. Dodo. *Oh boy !* Déjà vingt-trois heures !

Merde ! Encore une fois, Drolet a gâché ma vie. J'ai raté ma soirée au salon des Jeux et une occasion de surprendre Carol-Anne.

Philippe marche sur la pointe des pieds dans la salle de classe. Il se guide avec la lumière du cellulaire de Guillaume, derrière lui.

Exténué, il se couche.

— Phil, Phil ? chuchote Jérémie.

— Quoi ?

— Peux-tu jouer contre Lac-Saint-Louis ?

— Oui.

— Excellent, répond son ami.

— *Nice*, dit Tommy.

— Parfait ! murmure Heikel.

— Bonne affaire ! ajoute Charles.

Philippe se réjouit de la réaction de ses amis.

— Phil, on a vu Carol-Anne tantôt, lui dit Patrick.

— Quoi ! s'exclame Philippe.

— Chut ! lui répond le jumeau.

— Je comprends votre satisfaction d'apprendre que Phil est apte à jouer, mais on dort maintenant ! dit M. Fischer de l'autre bout de la classe.

Même s'il brûle de tout savoir, Philippe se résigne. Lorsqu'il se positionne sur le côté pour dormir, son orteil accroche la fermeture éclair de son sac de couchage.

Ayoye ! Câlique !

Philippe ferme les poings.

Si je demandais à John ou à Tommy de servir une raclée à Drolet, ils accepteraient sûrement. Voyons, ç'a pas d'allure ça ! Ressaisis-toi, mon Phil !

D'un naturel pacifique, il n'entretient pas de pensées violentes. Il se concentre sur sa respiration et chasse la vipère de ses pensées.

Carol-Anne survient.

Au diable la méditation !

Il enlace la belle dans son imaginaire et s'endort dans ses bras.

Au déjeuner, Philippe assaille Patrick de questions.

— T'as parlé à Carol-Anne ?

— Oui, pourquoi ? répond le jumeau.

Les autres sourient.

— Pat ! Elle sait que je suis ici ?

— Oui.

— Quoi ? Mais je t'avais demandé de pas en parler !

— Relaxe, j'ai rien dit.

— Fiou, merci.

— C'est quoi, ton plan avec elle ? demande Jérémie. Son équipe joue la demi-finale aujourd'hui. T'es pas pour te pointer à ce moment-là ?

— Oui, je vais aller la voir jouer.

— T'es malade ! Tu vas la déconcentrer ! s'exclame Tommy.

— Mets-en, ajoute Charles, elle nous a harcelés de questions sur toi pendant au moins vingt minutes.

Philippe rougit de satisfaction.

— Charles a trouvé ça pas mal plate parce qu'il a pas pu s'essayer avec son amie Sarah à cause de l'interrogatoire de Caro, ajoute Patrick.

— Ferme-la donc, Sarrasin, répond Charles.

— Moi aussi, je t'aime, mon beau ! répond Patrick.

— Sérieux, tu vas aller la voir jouer ? relance Jérémie.

— Oui, mais je vais me cacher.

Dans la cafétéria des Jeux, une lutte sans merci a lieu. La région de la Mauricie et celle de Montréal s'affrontent dans un duel pour déterminer laquelle chante le plus fort.

— Nous autres, on est la *gang* de Montréal, de Montréal, de Montréal. Si on est la *gang* de Montréal, où sont les autres *gangs* ?

— NOUS AUTRES, ON EST LA *GANG* DE LA MAURICIE, DE LA MAURICIE…

La Mauricie l'emporte et le calme revient.

— Tu vas faire quoi à la fin du match ? On affronte Lac-Saint-Louis une heure et demie après, dit Jérémie.

— Lui envoyer un texto. Je vais aussi la voir au Gaspé Beach Club, le *party* des athlètes sur la plage, la veille de notre finale.

Les réactions fusent de partout dans la bande.

— OH, MON DIEU !

— C'est lui, le roi !

— *LOVER !*

— ALLEZ !

— La machine ! Les pieds dans le sable !

Les amis terminent leur déjeuner dans l'émoi de la nouvelle et profitent de leur journée de congé.

Ils passent la matinée au salon des Jeux. Vers dix heures trente, ils rejoignent l'équipe et partent en direction du parc national Forillon, pour une randonnée. Ils pique-niquent sur la grève, où ils tiennent leur réunion quotidienne.

— Demain, débute M. Fischer, nous jouons contre une très bonne équipe. Rapide, technique et bourrée de talents individuels. Lac-Saint-Louis pratique un soccer vif, en une, deux ou trois touches de ballon maximum. Notre mot d'ordre : discipline défensive ! L'alignement de départ demeurera le même que lors des deux premiers matchs, à l'exception de Gagnon, qui est suspendu. Nous jouerons donc en 3-5-2, avec un milieu de terrain supplémentaire avec Jérémie et Heikel. Patrick, tu les rejoindras. Devant, Drolet et Charles. Sur les côtés, Boubacar et Marc, solide comme le roc.

Merde ! Un autre joueur surclassé de Québec-Centre prend ma place !

Philippe s'efforce de cacher sa déception.

— Les joueurs sur le banc, demeurez prêts. Si une chance se présente, saisissez-la, ajoute Guillaume en regardant Philippe.

— Allez, les gars, on retourne à l'autobus. On va visiter Fort-Péninsule, une batterie côtière pour lutter contre les Allemands lors de la Seconde Guerre mondiale. Vous pourrez vous enfermer dans de vrais cachots et prendre des *selfies* devant de vieux canons !

Philippe se dirige sur la rive et prend une poignée de galets. Il les lance à la surface de l'eau et compte les rebonds. Des pas crissent sur la grève derrière lui.

— Pauvre ti-pit.

Drolet !

Philippe se tourne, furieux.

— Qu'est-ce que tu veux, Drolet, me lancer une roche dans la face ?

— Je voulais m'excuser.

— Quoi ?

— J'aurais pas dû te blesser avec le cadenas.

Perplexe, Philippe fixe le visage arrogant de son ennemi, qui poursuit :

— J'avais pas besoin, en fait. Le *coach* est plus intelligent que je pensais. Je l'aime bien, Fischer. Il te met toujours à ta place : sur le banc.

— C'est pour ça que t'as pissé dans ses souliers à Boston ?

Le visage de Drolet se durcit. La haine s'inscrit sur son visage.

— Toi, t'es mieux de fermer ta boîte avec ça, parce que sinon…

— Sinon quoi, hein, Drolet ? demande une voix par-dessus l'épaule de Philippe.

John, Tommy et les autres se joignent à eux.

— Fais attention, Dunn, dit-il en le pointant du doigt.

Drolet tourne les talons et se dirige vers le sentier menant au stationnement.

— Ça va, Phil ? demande Heikel.

— Non. Je veux jouer.

— Tu vas avoir ta chance, t'inquiète pas, lui dit Tommy.

Au fond de lui, un doute persiste. Il veut du terrain, des minutes, de la sueur. Gagner l'or. Fermer la boîte à Drolet, une fois pour toutes.

25

DEUX DEMI-FINALES

Carol-Anne frappe le ballon avec autorité. Ses attaques marquent presque à tous les coups. Québec lessive son adversaire, la région hôtesse, l'Est-du-Québec.

Philippe ne peut décrocher ses yeux de la belle. En uniforme de volleyball, Carol-Anne étincelle. Ses cheveux noués en queue-de-cheval, légèrement sur le côté, et son sourire illuminé l'hypnotisent.

Encore un point et Carol-Anne se qualifiera pour la finale en volleyball féminin.

— Phil, faut y aller ! lui lance Jérémie.

— J'arrive.

Elle s'élance dans les airs et tape la sphère puissamment. Victoire ! Le gymnase explose !

— Phil, viens-t'en ! insiste son ami.

— Oui, oui.

À regret, il quitte Carol-Anne et le plaisir enivrant de la voir en chair et en os.

Le rythme qu'impose le jeu de Lac-Saint-Louis est démentiel. Toujours en possession du ballon, les joueurs bougent sans arrêt. Québec ressemble à une équipe de chats courant après une balle de laine. N'eût été le brio de son gardien, David, l'équipe perdrait par au moins trois buts.

C'est la dernière minute de la mi-temps. Les partisans de Lac-Saint-Louis comptent les passes consécutives à voix haute.

— Treize, quatorze, quinze, seize !

— Bon Dieu, les gars ! Bougez-vous ! Allez, allez ! s'écrie Franck Fischer.

Philippe gigote sur le banc. Il souffre de voir ses coéquipiers éprouver autant de difficultés.

Je veux les aider ! Il va me faire jouer ou pas ? Maudit !

Heikel parvient à soutirer le ballon à son adversaire. Il le glisse à Patrick, mais sa passe manque de vélocité, si bien que le jumeau doit revenir sur ses pas. Le défenseur de

Lac-Saint-Louis le talonne et, lorsque Patrick étire la jambe pour se placer devant lui, les deux joueurs entrent en contact.

Patrick se tord de douleur. Il frappe le sol et se cache les yeux.

— Physio ! Physio ! hurle l'arbitre.

Debout, Philippe s'inquiète. Patrick ne se plaint jamais sur le terrain. S'il crie ainsi, c'est qu'il a vraiment mal. Après trois minutes d'observation, la physiothérapeute demande l'aide des joueurs pour amener le jumeau à la tente des premiers soins.

L'arbitre siffle la mi-temps.

— Écoutez-moi bien, commence l'entraîneur. J'ai cinq recommandations. Si vous les suivez, je vous promets une meilleure performance. Un : exécutez un meilleur travail en appui-soutien en possession du ballon.

Philippe sait que son intelligence de jeu lui permet de bien se déplacer pour offrir des solutions à ses coéquipiers.

— Deux : cherchez la passe courte ou moyenne. Laissez faire les longs ballons.

Une autre de mes spécialités.

— Trois : pressez l'adversaire, dérangez-le, harcelez-le !

Mon principal talent défensif.

— Quatre : ne pensez pas aux résultats, mais aux trois points que je viens de vous énoncer.

Je peux faire la différence.

— Cinq : on revient en 4-3-3. Mauvais choix de système de ma part. Philippe, tu es défenseur latéral gauche.

Game on !

Sans un regard pour personne, Philippe entre sur le terrain au pas de course.

— Suivez-le, les gars !

La deuxième mi-temps démarre et Québec joue mieux. Philippe a des ailes. Il pense à Patrick et à Larry et ne ménage aucun effort. En attaque, il offre des solutions, sert des passes assassines et des centres vifs. À deux reprises, Drolet rate le filet de peu à la suite d'une action de Philippe.

Défensivement, il ne concède aucun centimètre de terrain à son adversaire principal, James, un super ailier. Plus la mi-temps avance, plus le joueur anglophone se décourage.

À cinq minutes de la fin, Boubacar détale sur le flanc droit, à la suite d'une contre-attaque. Philippe suit la poussée. La fusée de Québec-Centre le repère à l'entrée de la surface et lui glisse le ballon. Philippe frappe de l'intérieur du pied et la sphère s'écrase sur le poteau. L'action démarre de l'autre côté et Lac-Saint-Louis touche la barre transversale.

Québec calme le jeu et s'installe en zone adverse. À la suite d'un beau une-deux, Jérémie et Heikel se défont de leur couverture en zone centrale et remettent le ballon à Philippe. Du coin de l'œil, il aperçoit Ninkala, le défenseur centre, quitter sa position et risquer le tout pour le tout.

Philippe centre du pied gauche. Le géant africain plonge derrière la défensive et dévie la passe au fond du filet.

BUT ! Québec mène 1 à 0 !

Un tonnerre d'applaudissements et de cris rebondit contre la falaise anthracite surplombant le terrain. Ninkala se relève et court vers Philippe. Il lui saute dans les bras et l'écrase au sol. Vite, les autres joueurs se jettent sur eux.

— Vous avez vu cette passe, les gars ! Du pied gauche ! Et ma tête ! Bordel ! Philippe ! Merci !

Le géant jubile. Philippe aussi. Quelle sensation incroyable !

Fidèle à son habitude, Tommy les ramène à l'ordre.

— Concentrez-vous ! Il reste du temps !

La foule hurle de bonheur quand l'arbitre annonce la fin du match.

La région de Québec passe en finale des Jeux pour la première fois de son histoire.

Lors des célébrations, Drolet refuse de serrer la main de Philippe, mais celui-ci s'en fout, car ce soir il dansera avec Carol-Anne.

Et aujourd'hui, il a gagné sa place sur le terrain.

Salut Carol-Anne, tu as vraiment bien joué tantôt.

Merci, c'est qui ?

Un admirateur.

Euh… OK ? Mais t'es qui ?

C'est Phil. J'ai le cell à Tommy.

QUOI ? Tommy est à Gaspé !
Je l'ai vu cette semaine.

Je sais. ☺

Pas sûre de comprendre !?

Je suis aussi à Gaspé. Je joue pour l'équipe de soccer de Québec.

OMG ! OMG ! OMG ! ☺ ☺ ☺

Moi aussi, je suis content.
En passant, ta queue-de-cheval sur le côté, c'est vraiment beau.

☺ ☺ ☺ Merci !
Mais là, on peut-tu se voir ? J'ai vraiment le goût !

Ce soir, au Gaspé Beach Club.
Tu viens ?

J'étais pas sûre, mais oui ! OUI !

Good ! On se voit là-bas. Tom va t'écrire quand on va arriver.

Je suis tellement contente! Faut que j'aille le dire aux filles! C'est la plus belle journée de ma vie !

À tantôt. xxx

À tantôt, Phil. xxxxxxxxxxxxxxxxxxxxxxxxxxxxxxx

26

UNE SOIRÉE PARFAITE

Il règne une effervescence contagieuse dans la salle de classe de l'équipe de Philippe. Albert Duarte, le charismatique directeur de l'association régionale, ne cache pas sa fierté de voir la sélection masculine en finale des Jeux du Québec pour la première fois de son histoire. Dans son discours de félicitations, il rappelle l'importance des trois valeurs du Dynamo dans leur succès : respect, effort et attitude.

Philippe tique à l'entendre. Drolet, le respect et la bonne attitude ? Franchement ! La vipère est presque toujours sur le terrain depuis le début du tournoi !

Rien ne sert de me faire du mauvais sang. Ce soir, je revois Caro ! Demain, c'est la finale. Et Franck Fischer l'a annoncé, lors de notre réunion : je commence le match en défense latérale gauche !

Soudainement, Drolet pèse beaucoup moins dans la balance.

— J'ai entendu entre les branches que vous aviez un *party* tantôt ? demande Albert.

— Oui, répondent les garçons d'une seule voix.

— Bien. Deux conseils alors : ayez du plaisir et profitez du moment. Ça passe vite. Bonne soirée !

Albert Duarte quitte la salle après avoir serré la main des joueurs.

— Ça vaut la peine de persévérer, hein ? dit-il à Phil en clignant de l'œil.

Philippe sautille et tourne en rond. Il y a une dizaine de minutes, Tommy a écrit à Carol-Anne pour lui dire que Philippe l'attend à côté du casse-croûte, près des herbes hautes.

> Parfait, je suis là dans 10 minutes.
> On est dans l'autobus. Caro xxx
> (pour Phil, pas toi, Tom)

Le garçon ne sait pas comment agir. La dernière fois, au parc Chauveau, tout s'est passé si vite. Bientôt, Carol-Anne le rejoindra.

Je l'accueille comment ? Je transpire tellement ! Et j'ai les mains moites ! Merde !

Philippe donne un coup de pied dans le sable.

Il jette un coup d'œil sur la foule des athlètes qui se massent sur la plage Haldimand de Gaspé. Des dizaines de feux et de torches éclairent la plage. Un *DJ* mixe de l'électro et du *house* et enflamme les participants, qui dansent comme des possédés.

En arrière-plan se dessine la silhouette noire des montagnes. Les étoiles brillent au-dessus de la baie tranquille. Le décor lui rappelle Pohénégamook et le souhait qu'il avait adressé au ciel. « Faites que je sois des Jeux du Québec. Pour mon rêve, pour Carol-Anne. »

— Merci, murmure-t-il aux dieux des jeunes amoureux.

Soudainement, Philippe frémit. Carol-Anne enlace sa taille et blottit son visage contre son dos.

Il desserre l'étreinte de Carol-Anne et pivote. Un ruban rose noue ses cheveux en queue-de-cheval, légèrement sur le côté.

Elle est magique.

Elle croise ses mains autour de son cou et l'embrasse, puis se détache légèrement.

— Wow… Salut, Phil.

— Salut, dit-il, heureux.

— Je suis vraiment contente d'être avec toi.

— Moi aussi.

— On va voir les autres ?

Main dans la main, ils rejoignent leurs amis. Carol-Anne est accueillie par des coéquipières survoltées.

— Bon, il était temps que tu la lâches, mon bel Écossais ! lui dit Patrick, appuyé sur ses béquilles.

— T'es cave, répond Philippe.

— Sérieusement, elle est trop belle pour toi, ajoute Tommy.

— Mets-en, en remet Charles. Dis-moi, tu l'as embrassée encore ?

— Oui ! dit Philippe, fier de lui.

— Maudit ! éructe Charles.

— Ha ! Ha ! Ha ! s'esclaffe Patrick. Charles est frustré parce que Sarah danse avec un gars de vélo de montagne.

— Ferme-la donc, Pat ! réplique Charles avant de se renfrogner.

La fête prend fin à vingt-deux heures. Les athlètes quittent à regret la plage de sable fin et marchent vers les véhicules qui les ramèneront à leur dortoir. Philippe et Carol-Anne peinent à se séparer. Ils y parviennent seulement en se promettant de se revoir le lendemain, lors des cérémonies de clôture.

Philippe croise des dizaines de couples enlacés.

— Vive les Jeux du Québec ! dit-il à voix haute.

Tout juste avant que le garçon grimpe les marches de l'autobus, une main agrippe le collet de son chandail et l'attire sur le côté du véhicule.

— Lâche-moi, Drolet !

— Calme-toi, la vedette, je veux juste te parler.

— Qu'est-ce que tu veux ?

— Clarifier quelque chose avec toi.

— Quoi ?

— Demain, t'auras pas une maudite passe de moi. Je t'offrirai pas la chance d'être le héros encore une fois.

— T'es vraiment cave ! Si on veut gagner l'or contre Montréal, va falloir qu'on joue ensemble.

— Oui, mais sans toi.

— Pourquoi tu fais ça ? Ma soirée allait bien !

— J'ai mes raisons. Ah ! J'oubliais. Surveille ta blonde, elle court après tout ce qui bouge.

— De quoi tu parles ?

— Rien. Bonne nuit, monsieur heureux !

Drolet monte dans l'autobus tandis que Philippe lutte contre l'envie de le pousser dans les marches.

27

RENAÎTRE

Philippe joue un match du tonnerre. Il fait face au meilleur joueur du tournoi, Massimo, un petit Italien ultra rapide. Il contient ses attaques. La première mi-temps se termine 0 à 0. Montréal est, sans aucun doute, la meilleure équipe de soccer qu'il a affrontée. Les joueurs ne laissent rien à Québec qui, à l'image de Philippe, se bat sans relâche.

— Les gars, ils sont meilleurs que nous, et il nous faudra un vaillant effort collectif pour les battre, dit Franck Fischer. Défensivement, continuez votre travail. Offensivement, Massimo, leur ailier droit, prend de gros risques et ne se replace pas bien. Dès qu'on en a l'occasion, on fonce de ce côté. Une passe à Philippe, qui centre immédiatement. Les attaquants, quand vous voyez le ballon sur Phil, vous plongez dans la surface, en escalier, premier, deuxième poteau et point de péno. OK ?

D'un bond, les joueurs de Québec entourent Patrick, debout sur une jambe. Après un cri d'équipe, ils entrent sur le terrain en rugissant.

Philippe croit en ses coéquipiers. Ils peuvent vaincre Montréal !

Une foule impressionnante entoure le terrain. Philippe respire et se concentre.

Dès la reprise, Montréal domine encore. Heikel intercepte une passe. Sans aucune hésitation, il transmet le ballon à Drolet, au centre. Ce dernier, à la suite d'un agile contrôle, se tourne. L'occasion est parfaite. Philippe détale sur le côté.

M. Fischer a raison. Massimo ne suit pas.

— Drolet, ici !

Alex lève la tête et repère Philippe. Il refuse et tente plutôt le coup du côté de Boubacar. Trop tard. Abdel, l'intense défenseur de Montréal, lui soutire le ballon et décoche un laser à Massimo, seul. Celui-ci bat Ninkala de vitesse et marque d'une frappe spectaculaire.

— 1 à 0 pour Montréal !

— Donne-la, Drolet ! Le *coach* l'avait dit ! À Phil, un centre ! s'exclame Tommy.

— Ferme-la donc ! On va avoir d'autres chances, réplique Drolet.

La partie continue, sans action offensive de Québec. Le temps additionnel s'égrène. L'ambiance est survoltée.

Exténué, assoiffé, écrasé par la chaleur, Philippe reçoit le ballon de John, dans leur zone défensive. Les onze joueurs de Montréal érigent une forteresse dans leur camp, à quarante mètres de leur but.

— Prends le corridor ! crie Ninkala.

Philippe s'exécute. Massimo fonce sur lui. Heureusement, Heikel fait un super appel dans un intervalle adverse et Philippe lui sert une passe vive en poursuivant sa course. Heikel pivote en même temps, battant trois joueurs d'un seul coup. Il arme son pied droit pour adresser une balle longue à Boubacar, qui fait face à un seul défenseur, sur le flanc droit.

— Bloc à gauche, coulissez ! COULISSEZ ! gueule l'entraîneur de Montréal.

Son équipe obéit. Le bref avantage de Québec disparaît. Heikel réagit en une fraction de seconde. Il change d'idée, ouvre son pied d'appui et croise la passe sur le flanc gauche. Philippe reçoit le ballon en pleine course. Drolet et lui sont seuls contre Abdel, le capitaine et meilleur défenseur du tournoi.

— *Go !* Allez ! *Go !* hurle la foule.

Dernière chance de Québec d'égaliser.

Philippe fonce directement sur son adversaire. Drolet ouvre les épaules, ralentit et élargit sa course pour éviter le hors-jeu.

— Dunn, DUNN ! J'suis seul !

Abdel se rue sur Philippe, ignorant la présence de Drolet, créant une ouverture pour une passe, en plein centre du terrain, à l'entrée de la surface de réparation. Philippe ouvre son pied gauche et comprend qu'Abdel lui a tendu un piège. Le grand arabe revient d'un coup de rein dans le corridor de passe. L'instinct de Philippe prend le dessus. Il tourne le dos au but adverse, poursuit sa course en faisant une toupie et glisse le ballon à Drolet, seul devant le gardien.

La foule entière retient son souffle.

Drolet contrôle le ballon et y va d'une superbe frappe. Un missile. Le banc entier de Québec se lève, la célébration au bout des lèvres. Le gardien est battu. Ils égaliseront… Le gardien parade quand même, mais n'arrive pas à toucher le projectile… Le son se répercute contre la barre transversale, derrière le but. Le gardien de Montréal, agile comme un chat, bondit sur le retour. Il demeure au sol, afin d'écouler le temps. Alors que le gardien s'apprête à dégager le ballon, l'arbitre siffle la fin du match.

La folie éclate. Joueurs et entraîneurs de Montréal crient de joie. Les parents aussi. Tout le monde saute sur le terrain et un immense cercle de la victoire se crée au pied de la falaise.

— Merde ! vocifère Philippe.

Il se tourne vers ses coéquipiers qui s'écroulent au sol, dévastés par la défaite. Seuls Ninkala et lui restent debout. Au banc, Franck Fischer fixe la baie de Gaspé, déçu. Guillaume et les joueurs ont la tête entre les deux jambes. Patrick aussi.

Philippe ne comprend pas. Oui, ils ont perdu et la douleur s'intensifie à mesure que les partisans de Montréal célèbrent, mais pourtant… Une part de lui refuse un tel abattement.

Il ferme les yeux, respire et l'entend, dans sa tête et son cœur. Les notes de cornemuse… *Scotland the Brave.*

Non ! Je refuse la honte de la défaite.

Il rejoint Heikel et lui tend la main.

— Debout ! lui dit-il.

Les caisses claires du chant de guerre de ses ancêtres battent la mesure alors qu'il poursuit sa route. Un à un, Philippe arrache ses coéquipiers à la honte. Autour de lui, il ne reste que Jérémie, Tommy et Drolet.

— Debout ! On a bien joué, dit-il à son ami.

Abattu, son compagnon ne parle pas. Une simple claque sur l'épaule de Philippe et un bref hochement de tête de Jérémie et les deux amis se comprennent.

Pendant ce temps, Ninkala redresse Tommy. Les deux se dirigent vers le banc de Québec et ramènent les substituts sur le terrain, dans la zone de leur grand gardien, David. Ninkala se saisit du drapeau aux couleurs de sa région et le brandit bien haut. La foule applaudit le geste.

Philippe marche avec Jérémie pour les rejoindre quand il aperçoit Drolet, assis, la tête entre les genoux, les épaules secouées de sanglots.

Il mérite sa solitude. Il a tout tenté pour m'empêcher de participer aux Jeux. Il m'a blessé avec un cadenas, il a empoisonné ma soirée de retrouvailles avec Carol-Anne et il a uriné dans les souliers de M. Fischer. En plus, il a refusé de me donner le ballon et on a encaissé le but de la défaite. J'en ai plus qu'assez de cette vipère-là.

Dans son cœur, les tambours de *Scotland the Brave* lui insufflent la dernière part de courage qui lui manquait. Ses ancêtres et lui ne font plus qu'un. Philippe est un guerrier écossais. Plus personne n'entravera son rêve éveillé. D'un pas décidé, il se dirige vers Drolet.

Je vais l'achever.

Les tambours se taisent. Philippe se tient devant son bourreau des derniers mois, les poings serrés : le serpent, anéanti, en pleurs, vulnérable, à sa merci.

— Drolet ?

Ce dernier relève la tête, du gazon collé au front. Encore une fois, Philippe a le souffle coupé devant la méchanceté qui brûle dans les yeux de son coéquipier. Mais ça ne l'effraie plus. Il a décidé d'en finir.

Philippe lui tend la main. L'espace d'un instant, il croit apercevoir un sincère réconfort dans les yeux de Drolet, mais la lueur disparaît.

— Va chier, Dunn ! s'écrie Drolet en lui frappant la main.

Philippe n'a pas le temps de répliquer qu'il entend une voix d'homme dans son dos.

— Mais quelle attitude de merde !

C'est Franck Fischer.

— Qu'est-ce qui te prend, mon homme ? ajoute Albert Duarte, le directeur technique de la région de Québec.

— C'est lui qui est venu me dire que j'étais poche de ne pas avoir *scoré*, ment Drolet.

— Quoi ? J'ai rien dit, réplique Philippe.

— Il a raison, je le suivais pour te ramener avec le groupe, répond M. Fischer.

— Philippe, va nous attendre avec les autres, s'il te plaît, lui demande Albert de sa voix rassurante.

Philippe obéit. Il n'a pas envie de dépenser le peu d'énergie qu'il lui reste dans un conflit avec cet imbécile. Alors qu'il se dirige vers son équipe, il aperçoit sa famille : son père, sa mère, ses grands-parents et son oncle Fabrice. Larry aussi est là.

Quelle belle surprise !

Il leur envoie la main.

Une tempête d'émotions s'est abattue sur le terrain, des bourrasques d'euphorie soufflent du côté de Montréal. La déception tombe sur les épaules des perdants de Québec. Philippe continue de marcher et remarque l'équipe féminine de volleyball de sa région. Il repère Carol-Anne, les cheveux noués, une médaille d'or au cou. Son cœur culbute et une profonde joie le pénètre quand il croise son regard vert émeraude.

Lorsqu'il tape dans le dos de Ninkala, il comprend une chose : il chérira le souvenir de cette compétition toute sa vie.

28

ALBERT DUARTE

Les audiences du comité de discipline viennent de prendre fin. Philippe n'a jamais vu un tel spectacle. La vérité a éclaté au sujet de l'intimidation de Gagnon et de Drolet à son égard durant les sélections. Un signalement de l'Association régionale de soccer de Québec sera fait à son école secondaire avant la rentrée des classes afin de prévenir des débordements.

Le père et la mère de Drolet ont pété un plomb. Ils ont passé l'audience à interrompre, à insulter et à menacer Philippe, ses parents et les membres du comité de discipline : Albert Duarte, Franck Fischer et trois autres administrateurs de l'Association. À un certain moment, Philippe en a voulu à ses propres parents, car ils ne répliquaient pas. Mais une seule réponse de sa mère lui a ouvert les yeux.

— L'attitude des Drolet suffisait à miner leur crédibilité. Et j'ai aussi planté mes ongles dans la cuisse de ton père durant l'entièreté de l'audience.

Gagnon et ses parents n'ont pas prononcé un seul mot, se contentant de hocher la tête. Ils ont quitté la salle en saluant tout le monde, incluant la famille de Philippe. Celui-ci comprend que Gagnon a témoigné contre Drolet !

Une porte s'ouvre, l'adjointe d'Albert, la jolie Rachel, invite Philippe à entrer dans le bureau du directeur. Des tas de photos, d'articles de journaux et de certificats de mérite tapissent les murs. Impressionné, Philippe note autant de scènes de victoires que de défaites.

Albert se lève et lui serre la main de ses grands doigts.

— Ça va, Phil ? On a eu droit à un méchant spectacle au comité, hein ?

— Oui, se contente-t-il de répondre en observant encore les contrastes entre les visages heureux et tristes.

— Je vois que tu aimes mes photos.

— Oui.

— Pourquoi?

Philippe ne sait trop quoi dire. Il opte pour la vérité.

— On voit des défaites et des victoires. C'est ça, le sport.

Albert pose ses mains sous son menton, satisfait par la réponse.

—Je savais que je ne m'étais pas trompé sur ton compte. Écoute, Franck Fischer m'a raconté ton histoire. Tu m'impressionnes, Philippe.

— Euh… merci.

— Tu as assumé tes difficultés scolaires, pris tes responsabilités et raté le Festival des sélections pour remettre ton dossier scolaire sur les rails.

— Oui.

La pire fin de semaine de ma vie.

— Tu as écrit à tes entraîneurs pour leur dire la vérité concernant tes problèmes scolaires.

— Oui.

— Tu as fourni d'énormes efforts aux entraînements pour faire ta place dans l'équipe, jouant même malgré deux blessures, infligées volontairement par nos deux lascars.

— Oui.

— Tu as accepté d'être réserviste, sans devenir une distraction pour ton équipe lors de la préparation.

— Oui.

Merci, Carol-Anne !

— Tu as résisté aux assauts et aux menaces répétés de MM. Drolet et Gagnon durant l'été, sans jamais abandonner.

— Oui.

—Je regrette, mais il n'y a rien d'héroïque là. Tu as eu tort. Tu aurais dû nous en parler avant.

—Je sais, mais c'est plus facile à dire qu'à faire.

— Tu as bien raison, mais en étant inactif tu leur donnais raison, et ça, c'est inadmissible.

Le silence tombe dans le bureau.

— Se défendre seul demande du courage, mais dénoncer aussi. En quelque sorte, tu as manqué de bravoure dans cette histoire.

Piqué, Philippe se redresse sur sa chaise.

Il me veut quoi, lui?

Albert Duarte ignore sa réaction et poursuit son énumération.

— Tu t'entraînes les matins par pur plaisir et détermination, sans personne pour te pousser.

— Oui.

— On t'a appelé la veille du départ pour Boston et tu as annulé tes activités pour être de l'aventure.

— Oui.

Impossible de rater une telle expérience!

— Tu as peu joué lors des matchs préparatoires et durant la compétition des Jeux du Québec sans jamais te plaindre.

— C'est ça, oui.

Pas facile, par contre!

— Tu as joué comme un chef à la fin de la demi-finale et lors de la finale, à un poste auquel tu étais peu familier, celui de défenseur latéral gauche.

— Oui.

— Wow ! C'est réellement impressionnant, Phil.

Philippe rougit de fierté.

— Merci, monsieur.

— Tu as persévéré là où la plupart auraient reculé.

— Oui.

— Pourquoi ?

— Je rêve éveillé.

— Oh… je vois… C'est une belle réponse. Et quel est ce rêve ?

Philippe hésite. Il ne le partage qu'avec très peu de gens.

— Je préfère garder ça pour moi.

— Aucun problème ! Bon, veux-tu savoir pourquoi je t'ai fait venir dans mon bureau ?

— Euh… oui.

— Vois-tu, Phil, ton parcours t'a ouvert des portes.

— Je suis pas sûr de comprendre.

— J'ai parlé de toi aux dirigeants du programme provincial. Des dépisteurs t'ont vu jouer aux matchs.

Philippe s'emballe !

— Tu es invité au camp de sélection en octobre prochain.

— Merci.

— La partie n'est pas gagnée. Tu vas te mesurer aux meilleurs de la province. Des quatre-vingt-dix joueurs invités, seulement une vingtaine seront retenus.

— Merci, vraiment, monsieur Duarte.

À peine Philippe est-il monté dans l'auto que ses parents le félicitent.

— Bravo, mon grand !

— *Good job, Phil !*

Philippe les remercie, puis il pose son front contre la fenêtre du véhicule. Il pleut. La radio joue *Pompeii*, de Bastille. Tandis que l'auto avale les kilomètres, Philippe retrouve ses ancêtres. Il incline la tête et se demande comment leur rendre hommage.

Une fois la voiture immobilisée dans l'entrée, la famille court jusqu'à la maison.

— Fiou ! Quel temps de chien ! dit sa mère en secouant ses cheveux blonds. Ce soir, on mange chez grand-maman Louise et grand-papa Léonard. Ils nous attendent vers seize heures.

Philippe consulte sa montre. Il est quatorze heures quinze.

— C'est le *fun* ! Fabrice aussi ? demande-t-il.

— Oui.

— *Good*, dit-il en quittant la cuisine.

— Va voir sur ton lit, une surprise t'attend.

Philippe n'hésite pas un instant et se rend dans sa chambre. Un sac du Livre secret se trouve au milieu du lit. Lorsqu'il fouille à l'intérieur,

Philippe découvre une bande dessinée intitulée *Jazz Maynard*, sur laquelle est apposée une petite note autocollante.

Salut Philippe,

Une pensée pour souligner tes efforts. J'espère aussi que tu ne reviendras plus me voir… à la dernière minute pour sauver ton année! Viens plutôt me rendre visite pour discuter de livres.

Jazz Maynard, c'est l'histoire du meilleur voleur de Barcelone qui a un don exceptionnel pour la musique. Un peu comme un joueur de soccer qui aime les livres!

À plus, le jeune!

HH

Le geste du libraire réchauffe le cœur de Philippe. Dehors, la pluie tombe dru. De grosses gouttes frappent à sa fenêtre. Un temps idéal pour découvrir l'univers d'une nouvelle bande dessinée, bien au sec, dans sa chambre. Mais Philippe a une autre idée en tête. S'envolent son polo et son bermuda, puis il enfile son short du Phénix et son t-shirt du FC Barcelone.

Il pense à ses ancêtres… Décidé, il traverse le couloir et saisit son ballon à l'entrée.

— *For God's sake*, Phil, tu vas pas dehors ? lui demande son père du salon.

— Oui, dit-il, résolu. Il fait à peu près vingt-six degrés Celsius. La pluie me mangera pas.

Il sort. Trente secondes plus tard, trempé jusqu'aux os, il traîne la vieille planche à ballon construite par son grand-père, Léonard Gauvin, jusqu'à la rue. Philippe se prépare. Contrôle aérien de la poitrine aujourd'hui. Il ajuste la planche pour que le rebond lui revienne dans les airs.

Il frappe le ballon, saute, l'amortit. Il recommence, encore et encore.

L'averse gagne en intensité, sa volonté aussi.

REMERCIEMENTS

Cette partie est sans l'ombre d'un doute la plus agréable.

Exprimer ma gratitude aux gens qui m'ont soutenu dans un projet de fou comme celui d'écrire un roman réchauffe le cœur.

Alors, merci aux Éditeurs réunis et à son capitaine, Daniel Bertrand.

À Anita Rathé et à Julie Lalancette, pour leurs conseils avisés.

À Alain Beaulieu, mentor par excellence.

À la mère de Juliette, Rose-Line Brasset : « Tu devrais écrire sur le soccer, Jean-Michel. » J'ai bien fait de l'écouter.

À Raph, pour son travail monacal.

À mon club, le Phénix des Rivières, et à tous ses membres.

À ma mère, à mon frère et à ses gars, mes testeurs d'idées.

À mes cinq lecteurs secrets. Ne me demandez pas de les nommer, je dois préserver leur anonymat pour leur propre sécurité.

Au soccer et à son univers, aux personnages qui le composent.

À mes fils, pour être descendus au sous-sol afin de me forcer *gentiment* à faire une pause :

— On regarde une vidéo, papa ?

— Hmm ?

— Papa ! Papa ! Papa ! Papa !

— Oui, oui !

— Le chef, les *Muppets* ! *Pop-corn !*

Merci à Jim Henson, donc, pour son *Swedish Chef* et nos éclats de rire familiaux.

À ma femme, Maryse, pour sa bonne humeur contagieuse et son sourire éternel. La vie est belle et simple à ses côtés.

À ma belle-famille, pour la reconstruction de mon havre.

Enfin, merci à ma grand-mère, Rita, pour son amour.

Encore plus chez Les Éditeurs réunis

Tu as aimé *Complètement soccer*?
Tu aimeras sûrement les titres suivants :

Recruté par le CH
1. Une difficile ascension
Daniel Guay

Thomas Fortin est un jeune hockeyeur dont le talent n'est pas à la hauteur de ses ambitions : grimper les échelons et être ultimement recruté par le Canadien de Montréal. Ses débuts dans une nouvelle équipe Midget AAA ne sont pas très reluisants, d'autant plus qu'il entre rapidement en conflit avec son capitaine.

C'est alors que le garçon découvre un bâton de hockey bien spécial, signé par le légendaire Maurice Richard. D'abord peu enclin à se servir de cette pièce de collection, il s'aperçoit aussitôt que ses performances deviennent spectaculaires lorsqu'il en fait usage. Désormais, tous les espoirs sont permis !

Mais qu'arriverait-il si le fameux bâton venait à disparaître ? Son rêve de revêtir un jour les couleurs de la Sainte-Flanelle deviendrait-il hors de portée ?

Recruté par le CH
3. Le but de la victoire
Daniel Guay

Thomas voit son plus grand rêve se concrétiser alors qu'il est repêché par les Canadiens de Montréal. Une ombre se profile toutefois à l'horizon: le jeune hockeyeur est contraint d'utiliser l'équipement officiel du club.

Anxieux à l'idée que ses performances déclinent s'il ne peut jouer avec le précieux bâton de Maurice Richard, il réussit malgré tout à impressionner son entraîneur, ses coéquipiers et, bien vite, les innombrables fans du Tricolore. Grisé par cette gloire soudaine, le jeune homme quitte Anaïs, sa copine de longue date, pour une mystérieuse demoiselle fort intéressée par ses récents exploits…

Celui qu'on surnomme «le guépard des glaces» semble donc destiné à un brillant avenir, mais une blessure compromet sa saison et menace de tout faire basculer. Thomas doit-il déjà renoncer à la conquête de la coupe Stanley?